W0266381

Engelhafte Botschaften

Du fragst – wir antworten

© 2008 Sichtweise Verlag & Vertrieb

Das Werk, einschließlich aller seiner Teile ist urheberrechtlich geschützt.
Jede Verwendung außerhalb der Grenzen des Urheberrechtsgesetzes ist ohne Zustimmung des Verlages unzulässig und strafbar. Dies gilt insbesondere für Vervielfältigungen, Übersetzungen, Mikroverfilmungen und die Einspeicherung und Verarbeitung in elektronischen Systemen.

Erweiterte Auflage: 3.000
Layout und Gestaltung: ff.mediengestaltung, Hannover
Printed in Germany

ISBN: 978-3-938830-12-3

Inhaltsverzeichnis

Vorwort

Das Ereignis, das mich zum Malen von Engeln führte, geschah Weihnachten 1997. Auf Weihnachtskarten für Freunde und Bekannte malte ich zarte Winterlandschaften in Aquarell. Ich begann mit einem See, dem Horizont, einem Bäumchen – und merkte dabei, dass sich die Farben verselbstständigten. Sie „liefen" im Wasser anders, als ich es wollte. Das Motiv wollte sich partout nicht so gestalten lassen, wie ich es mir vorstellte. Unzufrieden wollte ich das Bild vernichten, als ich plötzlich in mir hörte: „Dreh das Bild um!" Das tat ich, drehte das Bild von der Horizontalen in die Vertikale und erkannte im Fluss der Farben einen wunderschönen Engel. – Heute weiß ich, dass es Maria, die Muttergottes und Königin der Engel war, die sich mir so zeigte, um mir meine Aufgabe zu signalisieren: Male Engel und bringe sie zu den Menschen!

Natürlich konnte ich dieser Aufgabe nicht widerstehen und so entstand meine Engelbilderserie, die mich bis heute mit immer wieder neuen Engeln überrascht. – Denn, wenn ich mich zum Malen vor ein weißes Blatt setze, weil ich „spüre", dass ein Engel „gemalt werden will", weiß ich anfangs nicht, welcher Engel sich präsentieren wird, wie er aussieht und welche Botschaft er bringt. – Ein engelhaftes Abenteuer!

Diesen Auftrag, den ich damals durch den ersten Engel bekam, fand ich wunderbar bestätigt in dem Satz:„*… jeder kann durch seine Aufgabe ein Stück Himmel auf die Erde bringen.*" [1]

Das gefällt mir und gibt mir Schwung für weitere „Stückchen" vom Himmel, wie dieses Büchlein. Möge es dir das Auslegen und Ziehen der Karten zu einem engelhaften Erlebnis machen. – Viel Freude dabei!

[1] *Alexa Kriele: „Die Engel geben Antwort", Seite 127*

Die Anwendung der 46 Karten

Bevor du die Karten auslegst, verbinde dich mit der geistigen Welt durch folgende Bitte: *Ich bitte um allerhöchsten göttlichen Schutz und göttliche Führung für meine Gedanken, Worte und Taten. Danke!*

Nun geht es los …

(Zünde eventuell eine Kerze an, Engel lieben Kerzenschein!)

Für die **Tages- und Gegenwartskarte** liest du bitte den jeweiligen Text je nach deiner Stimmungslage: ☺ bedeutet: Es geht mir gut. ☹ bedeutet: Es geht mir schlecht. Die Karten für die **Vergangenheit** bzw. den **Ausblick** beziehen sich in etwa auf einen Zeitraum von ca. 3 Monaten.

Eine Karte ziehen

Sprich deine Frage in Gedanken oder laut aus, während du die Karten fächerförmig vor dir auf dem Tisch ausbreitest. Zum Ziehen der Karte nimm die Hand, die für dich die richtige ist. Lass deine Hand ruhig über die ausgelegten Karten gleiten. Die Engel „führen“ dich zur richtigen Karte. Die Engelkarte, die du ziehst, gibt dir die Botschaft für den Tag oder einen Hinweis zu dem Thema, das zum jetzigen Zeitpunkt für dich wichtig ist.

Drei Karten ziehen

Verfahre genau wie oben und ziehe drei Karten:

Die erste Karte bezieht sich auf deine unmittelbare Vergangenheit, die Zeit der Vorbereitung, die dich zu deiner Frage geführt hat.

Die zweite Karte bezieht sich auf die Gegenwart und gibt dir die Botschaft für deine jetzige Situation.

Die dritte Karte gibt dir einen Hinweis für das, was in der Zukunft werden oder daraus resultieren könnte.

Bevor du das Zwiegespräch mit den Engeln beendest, bedanke dich bei ihnen. Sie danken es dir mit einem engelhaften Lächeln. Möglicherweise sind manche Ergebnisse nicht sofort für dich verständlich. Gehe in dich, sei ehrlich zu dir selbst, dann wirst du den Sinn erfassen, der nur für dich allein bestimmt ist.

Erzengel Chamuel (auch Chamael oder Camael)

Mein Name bedeutet: „Kraft des göttlichen Herzens“

Die Kraft, die in mir pulsiert, ist die Liebe. Als grenzenloses Gut verströme ich sie durch meinen rosafarbenen Strahl, der aus dem Herzen Gottes kommt, hinein in deine Seele. Sei dir der Liebe Gottes zu DIR gewiss. Sie ist bedingungslos und nährt dein Herz allzeit deines Lebens. Ich sende sie dir heute besonders, weil du vielleicht meine Hilfe in Liebesdingen brauchst. Fühle diese Liebe in deinem Herzen, sie möge dich stärken, trösten und dir wärmende Sicherheit geben. Hast du Kummer in deiner Beziehung, vermisst du eine oder hast sie verloren, so bringe ich dir tröstliche Liebe und lindere deine Sorgen.

Lebst du eine glückliche Liebe, dann genieße sie heute besonders, sei dankbar dafür und schenke ihr heute verstärkt Beachtung.

Ich sende dir meine Energie der Harmonie, um dich heute bei Klärungen mit deinen Mitmenschen mit den Gaben des Mitgefühls und Verständnisses zu unterstützen. Falls du heute einem Konflikt entgegensiehst, mögen Versöhnung, Verständnis und Toleranz in dir durch mich wirken. – Diplomatie und Kooperation sind angesagt.

Nimm dich leicht, wie wir Engel es tun, und gib dich, umhüllt von meiner Liebe, der Lebensfreude hin! Tanze, singe und genieße das Leben als Ausdruck der Schwingung der Liebe.

Meine Botschaft für dich: Gott liebt dich, so wie du bist, bedingungslos. Somit lass diese Liebe in dir wirken, damit du dich selbst lieben kannst, denn du bist sein Kind und es wert, geliebt zu werden.

Du bist ein einzigartiges Wesen, ein göttliches Kind. Liebe es und dir wird sich die Wirkung offenbaren, dass auch andere dich lieben können. Die Liebe, als höchstes Gut allen Seins, ist der Schlüssel zur Glückseligkeit. Öffne dich für sie und deine momentane Bitterkeit, deine Ängste und deine manchmal auftretende Hilflosigkeit, lieben zu können, werden sich auflösen. – Wisse, dass die Liebe in dir wohnt und ich heute zu dir komme, um ihr zündende Kraft zu schenken, damit sie wieder in dir leuchte. – Auch dir selbst gegenüber!

Ich komme heute zu dir, um dein Herz mit der Substanz der alles übertreffenden Liebe zu kitten, denn ich habe deine Sehnsucht nach Liebe erhört. Daher lasse ich meinen rosafarbenen Strahl liebevoll, weich und stützend in dein Herz hineinfließen. Möge es deine Beziehung stärken, die negative Energie aus deinem Herzen löschen, deine Hoffnungslosigkeit, Verzweiflung und Deprimiertheit auflösen, sodass die alles übertreffende Liebe, als Wärme in deinem Herzen wieder in dir erwacht. – Wann immer du meine Hilfe in Herzangelegenheiten brauchst, rufe mich herbei und mein Strahl wird dich voller Liebe umhüllen.

Der Engel der Entspannung

sagt zu Dir:

Tageskarte:

☺ Heute solltest du dir Zeit zum Entspannen nehmen. Mach es dir bequem, schließe die Augen und öffne dich für die Welt der Fantasie. Lass dich von deinem inneren Kind leiten und schwebe mit der Leichtigkeit des Seins durch den Himmel. Nimm dein inneres Kind an die Hand und schreite mit ihm über eine Blumenwiese. Lass dabei all deine Gedanken los, sei unbeschwert und tanze. Genieße diese Entspannung, um dein Inneres zu reinigen und zu heilen.

☹ Sei nicht so verkrampft! Der Dreiklang von Geist, Seele und Körper verlangt nach Entspannung. Lass dich von Gott und uns Engeln leiten, dann kannst du entspannt durchs Leben gehen. Nimm dir Zeit für dich! Verbinde dich mit deinem inneren Kind und lass dich von ihm zum Lachen und zur Fröhlichkeit verleiten, damit du wieder deinen Humor und Frohsinn findest. – Sei heiter und gelassen. Ich helfe dir dabei, wenn du mich bittest!

Vergangenheit:

Dank deines Vertrauens in Gott und seine lichte Hierarchie konntest du entspannt durchs Leben gehen. Eng verbunden mit deinem inneren Kind, hattest du eine solche lichtvolle Ausstrahlung, dass du mit deinem Humor und deiner Fröhlichkeit deine Mitmenschen erfreut und ihnen damit die heitere Seite des Lebens gezeigt hast. – Ich danke dir für deine Mithilfe.

Gegenwart:

☺ Eine Phase der Entspannung ist dir jetzt gegeben. Nutze sie, um über deinen weiteren Weg nachzudenken und dich dabei von Gott leiten zu lassen, damit du dein Leben entspannt genießen kannst. Pflege deinen Humor und lass deine Lebensfreude sich entfalten. Umarmt von meinen Flügeln kannst du dich geborgen und entspannt fühlen, damit du die nächste Lebensphase mit Gelassenheit empfängst.

☹ In den dunklen Gedanken, mit denen du dich umgibst, wirst du keine Entspannung finden. Lass dich nicht von deinem Ego leiten, sondern vielmehr von Gott, so kannst du stets entspannt durchs Leben gehen. Hab Vertrauen! Nur so kann sich deine Beklemmung wieder lösen und der Entspannung den Weg öffnen. Nimm nicht alles so schwer! – Ich bin für dich da, wenn du mich rufst, um dir wieder die Leichtigkeit des Seins zu schenken.

Ausblick:

Nur, wenn du dich von Gott leiten lässt, kannst du entspannt durchs Leben gehen. Wenn du das Gefühl hast, die Anspannung in dir steigert sich zusehends, dann rufe mich! – Ich nehme dich gern in meine Flügel und helfe dir, deine Unbeschwertheit wiederzufinden.

Der Engel der Freude

sagt zu Dir:

Tageskarte:

☺ Welch eine Freude, dich heute so zu sehen! Weit öffne ich meine Flügel für dich, umarme dich und sage dir: Gott will, dass dein Leben Freude sei. Koste aus, was dir das Leben bietet und erfasse, dass in allem, ist es auch noch so winzig, die Schöpfung zu erkennen ist. – Geh auf Entdeckung und erfreue dich des Lebens!

☹ Jammere nicht! Freude wird dir gegeben, wann immer du dich dafür öffnest. Schau zu mir! Meine Flügel sind weit für dich geöffnet, damit ich dich umarmen und durch meine Wärme deine dunklen Gedanken in Freude verwandeln kann. Betrachte mit Argwohn, was dir dein Ego gerade vorspielt und womit es sich nur wichtig machen will. – Betrachte lieber die Werke der Schöpfung um dich herum, die Gott für dich erschuf zu deiner Freude!

Vergangenheit:

Sicherlich hast du erfreuliche, aber auch traurige Ereignisse erlebt. Behalte die Freudigen als einen kostbaren Schatz. Denn sie sind wie göttliche Lichtfunken, die dir geben, was Gott dir für dein Leben schenken wollte: Freude!

Gegenwart:

☺ Der Dreiklang deines Seins von Körper, Geist und Seele ist derzeit von Freude und Glückseligkeit durchtränkt. Und das ist gut so! – Schau auf mich und du siehst, wie du dadurch auf deine Mitmenschen wirkst: hell, schwungvoll und glücklich! – Behalte diesen Schwung, diese Freude bei und du wirst noch mehr Freude anziehen. Freude wurde dir als Lichtfunke für dein Leben gegeben. – Genieße die Freude und schenke sie weiter an deine Mitmenschen.

☹ Auch wenn deine Situation noch so trüb ist, glaub mir, die Freude wartet auf dich! Suche sie unter den reichlich vorhanden Geschenken der Schöpfung, die Gott zu deiner Freude erschaffen hat. Lass dir von deinem Ego nichts vortäuschen, es will sich nur wichtigmachen. In deinem Selbst ist reichlich Grund zur Freude. Denn du bist ein göttliches Wesen, das alles erreichen kann, wenn es will. – Voll Schwung habe ich meine Flügel für dich geöffnet, um dich zu umarmen. Kommst du zu mir?

Ausblick:

Öffne dich für die Freude, die dir gegeben wurde. Suche sie nicht nur in den materiellen Dingen, die sind vergänglich. Suche sie lieber in jeder Kleinigkeit, um auch die kleinste Schöpfung darin zu erkennen. – Die Schöpfung, die Gott zu deiner Freude erschaffen hat.

Der Engel der Friedens
sagt zu Dir:

Tageskarte:

☺ Ein friedvoller Tag erwartet dich! Du hast meine Hand zart ergriffen und so deinen inneren Frieden gefunden. Ruhig und entspannt kannst du diesen Tag nun genießen und mit deiner friedvollen Ausstrahlung ein Ruhepol für andere Menschen sein.

☹ Geh in dich, schließ die Augen und lass dich von meinen Flügeln liebevoll umschließen. So wirst du den Frieden in deinem Herzen wiederfinden. Nimm dir mehr Zeit für dich und bring deine unruhigen Gedanken zum Schweigen. Nur so kann ich dir meine Energie des Friedens überbringen, damit du dich geborgen und entspannt fühlen kannst.

Vergangenheit:

Du hast eine friedvolle Zeit genossen und den inneren Frieden in dir erkannt. Du konntest dadurch Kraft und Energie tanken, um dich für die Herausforderungen des Lebens zu stärken. Ich durfte dich in dieser Zeit mit meinen Flügeln umfangen und dir damit Geborgenheit und Ruhe schenken.

Gegenwart:

☺ Du hast die Stille und Ruhe in deinem Inneren entdeckt, die dir Kraft und Muße für die Herausforderungen des Lebens schenken. Du hast Frieden mit dir geschlossen. Nutze diese Energie, um deine Handlungen und Taten zu überprüfen und mögliche Veränderungen zu überdenken.

☹ Bitte um das Wunder des Friedens für dich und alle anderen Lebewesen. Lass dich von meinen Flügeln umschließen und gönne dir inneren Frieden. Bringe die Unruhe deiner Gedanken zum Schweigen und nimm dir Zeit für dich! – Ich bin bei dir.

Ausblick:

Es steht dir eine friedvolle Zeit bevor. Möglicherweise haben dich die Herausforderungen des Lebens in letzter Zeit ermüdet? – Dadurch ist die Sehnsucht nach Ruhe und Frieden in deinem Herzen erwacht. Nimm dir nun mehr Zeit für dich, spüre meine Flügel um dich und du wirst Frieden in deinem Inneren genießen.

Erzengel Gabriel

Mein Name bedeutet: „Gott ist meine Kraft!“

Stehst du vor einem Neubeginn, vor der Geburt deines Kindes, einer Veränderung, einer Erneuerung?

Dazu sende ich dir heute meine Kraft und Stärke. Sei zuversichtlich! Glaube an dich, deine Gaben und Fähigkeiten. Ich unterstütze dich bei deinen Vorhaben und der Entwicklung deiner Ziele, sende dir Inspiration und neue Ideen, damit du der Erfüllung deiner Aufgaben näherkommst.

Hab keine Zweifel, glaube an dich! In dir schlummern Kräfte, mit denen du viel bewegen und erreichen kannst. Horch auf dein Herz, wenn du unsicher bist, und folge deinen Gefühlen, denn ihnen hauche ich meine göttliche innere Stärke ein, damit du zuversichtlich an die Verwirklichung deine Ziele gehen kannst.

Du bist gesegnet mit Talenten und Begabungen, die dich, wenn du sie willensstark einsetzt, deine Aufgaben in der irdischen Welt meistern lassen. Stehst du vor Herausforderungen, nimm sie an, stell dich ihnen, denn sie sind immer ein weiterer Weg zum Aufstieg und zur Stärkung deines Selbst. – Ich stehe dir bei!

Ich helfe dir, dein Lebensziel zu finden und zu erkennen. Die Verbindung zu deiner Intuition zeigt dir immer den richtigen Weg.

Wenn du auf der Suche nach neuen Zielen bist, wende dich an mich, ich begleite dich mit all meiner Liebe und es werden sich dir neue Ziele auftun.

Freude sei in dir, wenn du vor einem Neubeginn oder der Geburt deines Kindes stehst! Ich begleite und unterstütze dich, um diese Freude in dir noch stärker blühen zu lassen, wie die Blumen die mich umranken.

Sei heute liebevoll zu deinen Mitmenschen, lass mehr dein Herz, als deinen Verstand sprechen, für ein segensreicheres Miteinander. Lächle und es wird ein Lächeln zu dir zurückkommen. – All dies dient einer wohltuenden Kommunikation, für die ich mich zum Wohle von euch allen auf Erden, einsetze.

Wenn du vor einer Entscheidung stehst, stehe ich dir bei und unterstütze dich mit der Energie meiner Entscheidungskraft, damit es dich zu dem für dich richtigen Ergebnis führt.

Wirst du von Veränderungen verunsichert, hab keine Angst, sie dienen deinem Vorankommen und sind eine Einladung zu neuen Erkenntnissen und Erfahrungen. Begrüße sie mit Freude und Zuversicht! – Ich begleite und segne dich! Möge sich am heutigen Tage alles für dich im göttlichen Einklang vollziehen.

Der Engel der Gastfreundschaft

sagt zu Dir:

Tageskarte:

☺ Erwartest du heute Gäste? Welch eine Freude! Gib dein Bestes! Nicht mit Prunk und Menge, sondern mit Hingabe und Liebe, mit der du deine Gastfreundschaft beseelst. Bedenke, dein Gast könnte ein Engel sein oder zu einem Engel für dich werden. Öffne ihm die Tür mit einem strahlenden Lächeln, das bezeugt: Sei willkommen! Ich freue mich, schätze und respektiere dich! – Und wann lädst du mich zu dir ein?

☹ Wirst du selten eingeladen? – Hast du den Sinn von Gastfreundschaft vielleicht falsch ausgelegt? Zu viel Prunk und Aufwand statt Hingabe und Liebe gezeigt? Lerne von deiner Gastgeberin Mutter Erde, bei der du selbst zu Gast bist. Sie heißt dich willkommen ohne zu werten, wer du bist und was du hast. Sie bietet dir Geborgenheit, Liebe und Freude, ohne etwas von dir zu erwarten. Es ist Gott, der dich durch sie als Gast willkommen heißt. Sei dankbar dafür und lerne daraus, was wahre Gastfreundschaft bedeutet.

Vergangenheit:

Deine Gastfreundschaft zeugte von Hin-Gabe. Nicht, dass sie im Geben prunkvoll und üppig war, sondern liebevoll und ehrlich. Dies hat dir Lohn im Nehmen beschert und dich mit Freundschaft belohnt. – Auch meine.

Gegenwart:

☺ Die Rückwirkung auf deine Gastfreundschaft bereichert und belohnt dich. Du weißt deine Gäste mit ehrlicher Hingabe und Liebe zu empfangen, so, wie es deine Gastgeberin Mutter Erde mit dir als Gast tut. Schenke deinen Gästen, auch jenen aus der Fremde, Respekt und Achtung. Lass sie in deinem Haus Geborgenheit und Liebe finden. Dein nächster Gast könnte ein Engel sein oder einer für dich werden. – Vielleicht bin ich es sogar?

☹ Auch du bist ein Gast deiner Erde und genießt ihre liebevolle und wertungsfreie Gastfreundschaft. Und wie hältst du es mit deinen Gästen? Gastfreundschaft heißt nicht, prunkvoll und üppig aufzutischen, sondern aufrichtig und ohne Erwartung zu geben, was aus deinem Herzen kommt. Öffne jenen deine Tür, die dich brauchen, und achte sie, wie dich selbst. – Vielleicht bin ich ja dein nächster Gast?

Ausblick:

Du wirst sicherlich in nächster Zeit Gäste erwarten. Verfahre so, wie es eure Gastgeberin Mutter Erde zeigt. Werte nicht und erwarte nichts. Öffne die Tür deines Hauses all jenen, die dich brauchen, und biete ihnen, was du von Herzen anbieten kannst. Kein aufgetischter Prunk und Glanz kann sich messen mit dem Geben von Liebe und Geborgenheit. – Dein nächster Gast könnte ein Engel sein oder einer für dich werden.

Der Engel der Geburt

Sagt zu dir:

Tageskarte:

☺ Dein Entschluss, hier auf der Erde zu weilen, schenkt dir ein facettenreiches Angebot von Erfahrungen, Erkenntnissen und Fortschritten, um das Reifen deiner Seele zu erleben. – Vielleicht ist heute dein Geburtstag? Oder er steht bald bevor? So nimm diesen Tag als Erinnerung an jenen Moment, in dem ich dich auf das Abenteuer „Leben“ losgelassen habe, damit es für dich Genuss und eine Freude sei. Jeder Tag ist ein Geschenk für dich. Nutze ihn! Sei dir dessen heute besonders bewusst und gönne dir ganz persönliche Glücksmomente.

☹ Keinen Tag deines Lebens solltest du verschenken. Sei dir bewusst, dass es dein Entschluss war, dass ich dich in das Abenteuer „Leben“ entließ. Auch der heutige Tag gehört zu diesem Abenteuer. Nutze ihn, auch wenn dir im Moment nicht danach ist! Schau auf die Geschenke Gottes, die sich dir bieten, die deine Seele bereichern und dich daran erinnern, dass deine Geburt auch zu diesen Geschenken gehört. – Nimm diesen Tag als Erinnerung an den Beginn deines Lebens im Hier, und mache etwas daraus. Sei umarmt und von der Liebe Gottes getragen, um gerade heute mit neuem Schwung auf dein Morgen zu blicken.

Vergangenheit:

Du bist ein göttliches Wesen und entschlossen, das Abenteuer „Leben“ zu erleben, zu fühlen und zu genießen. Du hast es bis heute zu nutzen gewusst und dein Sein als Bereicherung der göttlichen Schöpfung erkannt. – Als ich dich auf das Abenteuer „Leben“ losließ, sah ich dir freudig nach, denn ich wusste: Du machst etwas aus deinem Leben!

Gegenwart:

☺ Dein Leben verläuft in guten Bahnen und du trägst, seit dem Moment deiner Geburt, den freudigen Willen in dir, etwas daraus zu machen. Du hast die Gabe, dem Leben die freudigen Seiten abzugewinnen und es nicht einfach unnütz „abzuleben“. Das ist ein Gewinn für dich und deine Mitmenschen! Bewahre dir diese Einstellung und kröne deine Lebensspur weiterhin mit der Freude am Leben.

☹ Du bist ein Kind Gottes und trägst seine Liebe als pulsierendes Leben in dir. Sei dir dessen jeden Tag bewusst und erfreue dich daran, so wirst du aus deinem Leben etwas machen. Ich erinnere dich daran, dass es dein Entschluss war, auf dieser Erde zu weilen und dich auf das Abenteuer „Leben“ einzulassen. Nimm es an! Mach etwas daraus! – Dir wurden alle Gaben und Fähigkeiten dazu gegeben. Ich weiß es, denn ich habe sie dir von Gott mitgegeben.

Ausblick:

Nie darfst du an deinem Entschluss zweifeln, dich von mir auf diese Erde „entlassen“ zu haben. Niemals! Egal, ob du Phasen des Lichts oder der Dunkelheit durchmachst, jede ist für deine Entwicklung und die Reifung deiner Seele wichtig. Sei dir immer bewusst, dass du zur Schöpfung Gottes gehörst und diese bereicherst! – Jeden Tag!

Der Engel der Gelassenheit

sagt zu Dir:

Tageskarte:

☺ Gönne dir eine Pause! Ruhe in dir selbst und genieße schlichtweg dein Sein. Lass die Hektik des Alltags außen vor und besinne dich auf dich selbst. Nimm dir mit Gelassenheit jene Themen vor, die dich schon lange beschäftigen. Betrachte sie mit Besonnenheit und Bedacht. Geh, wie ich, in das Licht der Gelassenheit hinein und lass dich darin von mir in die innere Ruhe einbetten. Genieße es, dein Inneres zu spüren und so wieder zu dir selbst zu kommen. – Ich begleite dich dabei.

☹ Wohin haben dich Hektik und Hast im Alltag gebracht? Respektiere deinen Körper und komm zur Ruhe! Unruhe, Hast und Hektik ist nicht der Weg, um deine wahren Ziele zu erkennen. Beende das Spiel des atemlosen Eifers, das bei euch auf Erden herrscht! Ändere die Spielregeln für dich, um die göttliche Führung wieder zu spüren, die du nur in der Ruhe deiner Seele findest.

Vergangenheit:

Du hast zuweilen die Seele baumeln lassen, bist den Herausforderungen des Lebens an dich mit Ruhe und Gelassenheit begegnet. Ich habe deinen Ruf empfangen und dich in meinen Lichtstrahl, der mich stets umkreist, hineingeführt. So konntest du der ruhende Pol für deine Familie und deine Mitmenschen sein. Du gabst ihnen durch deine friedliche Klarheit das Gefühl, behütet und geschützt zu sein. – Mein Strahlen steht dir immer zur Verfügung.

Gegenwart:

☺ Nutze dein Wohlgefühl und gönn dir Ruhe. Sei gelassen und genieße das Gefühl des inneren Friedens. Es ist an der Zeit, dein momentanes Leben mit Gelassenheit zu betrachten. Überprüfe, ob du etwas ändern solltest, um deinen Lebensplan zu erfüllen. In der Ruhe wirst du es deutlicher erfassen und erkennen. – Tauche in meinen Lichtstrahl der Gelassenheit ein, wozu ich dich hiermit herzlich einlade.

☹ Dein Leben ist zurzeit von Hektik und Rastlosigkeit durchtränkt. Komm zu dir! Suche eine Lösung, um dein Leben nicht mehr vom Spiel atemloser Hast bestimmen zu lassen. Dein Geist, deine Seele und dein Körper werden es dir danken. – Geh in dich, werd gelassen, suche die Stille. – Dort warte ich auf dich.

Ausblick:

Geh mit Gelassenheit an die Herausforderungen und Aufgaben heran, die auf dich zukommen. Nur mit Ruhe und Besonnenheit kannst du richtige Entscheidungen treffen. Lass dich nicht zu Hektik und Hast hinreißen, denn es nimmt dir deinen inneren Frieden und ich kann dich dann nicht erreichen. – Besinne dich auf die Aufgaben, die wirklich wichtig sind und deinen spirituellen Aufstieg fördern.

Der Engel des Glaubens
sagt zu Dir:

Tageskarte:

☺ Dein Glaube gibt dir Halt und stärkt den Glauben an dich selbst. Dein Glaube gibt dir Macht über dein Ego und Vertrauen in die lichten Mächte des Himmels. Der Glaube versetzt Berge, sagt ihr Menschen. Also bist du jetzt in der Lage, ganze Gebirge zu versetzen. – Trink aus dem Kelch des Lichts und du wirst den Wert des Glaubens noch stärker spüren.

☹ Wurde dein Glaube durch eine Krise erschüttert? Zweifelst du? Nichts kann den wahren Glauben erschüttern, es sei denn, man lässt es zu. Steh zu deinem Glauben, vertrau darauf und du wirst wieder die Verbindung deines inneren Lichts mit dem des Himmels spüren. Jede Krise ist eine Chance und hat einen Sinn. Sie öffnet neue Wege zur spirituellen Entwicklung. Sie lässt dich reifen und den Wert des Glaubens noch stärker erkennen. Wisse, du bist nie allein, wir Engel Gottes sind immer bei dir. – Halte an deinen Glauben fest und hab Vertrauen!

Vergangenheit:

Der Glaube in deinem Herzen gab dir Halt. Daraus konntest du für die Herausforderungen des Lebens Kraft und Zuversicht schöpfen. Der Glaube speist das göttliche Licht in deinem Herzen, damit du immer mit den lichten Hierarchien verbunden bist. – So auch mit mir.

Gegenwart:

☺ Schön, dass du Halt im Glauben findest. Der Glaube ist eine göttliche Kraft, die dir Sicherheit und Zuversicht schenkt. Lebst du im Glauben, ist dein inneres Licht stets mit dem des Himmels verbunden. Dieser Lichtstrang begleitet dich in guten wie auch in schlechten Phasen deines Lebens und ist deiner Seele immer eine Stütze. In deiner jetzigen Phase leuchtet dieses Licht besonders hell, weil du durch deinen Glauben spirituell gewachsen bist. – Siehe, das unendliche himmlische Licht aus dem Kelch in meinen Händen leuchtet auf die Erde, bis hin zu dir!

☹ Das Licht des Himmels hat dich nie verlassen. Auch wenn du im Moment mit dem Glauben haderst, wisse, das unendliche Licht des Himmels leuchtet dennoch in deine Seele hinein, um dir wieder Halt und Zuversicht zu geben. Auch wenn du in einer Krise steckst, wisse, es ist eine Phase, die zu Ende geht. Eine Krise ist die Chance, dein Leben zu überdenken, etwas darin zu verändern und spirituell zu wachsen. – Ich reiche dir meinen Kelch, nimm ihn, damit dein inneres Licht wieder leuchtet.

Ausblick:

Dein Glaube ist ein hohes Gut. Bewahre ihn dir und sei dir gewiss, dass du durch ihn stets gestärkt wirst. Glaube auch an dich selbst, bleib in Verbindung mit dem himmlischen Licht und du wirst „Gebirge“ versetzen können.

Der Engel des Glücks

Sagt zu dir:

Tageskarte:

☺ Glück ist dir heute gegeben! Freu dich darauf, denn es sind die Glücksmomente im Leben, die dich mit deiner göttlichen Quelle verbinden und deine Lebensspur mit goldenen Strahlen schmücken. Als Engel des Glücks sende ich dir heute Momente wie das Lächeln eines Kindes, das ausgelassene Mitsingen einer Melodie oder das Umarmen eines Baumes. – Du wirst sie fühlen und erkennen, dann treffen wir uns.

☹ Vergiss dein Kummer und deine schlechte Laune, das bringt dich nicht weiter. Wisse, dass das Glück in dir schlummert und du es nur wecken musst. Höre eine Musik, die dir gefällt, schau in die Natur oder lass dich von einem Bild (von dem meinen z. B.) inspirieren. Erinnere dich an einen besonderen Augenblick des Glücks und wisse, dass ich in diesem Moment bei dir war. Heute besuche ich dich wieder und schenke dir Glücksmomente. Öffne dich dafür. – Ich freue mich auf dich!

Vergangenheit:

Viele Glücksmomente sind in deiner Lebensspur verzeichnet und haben goldene Strahlen in dein Leben gebracht. Erinnere dich daran, wenn du einmal traurig bist, um dich auf die Gefühlsebene des Glücks zu begeben und um diese Ebene immer wieder neu für dich erschaffen zu können.

Gegenwart:

☺ Was für ein Glück! – Wir beide haben gerade eine längere gemeinsame Zeit, die du hoffentlich von Herzen genießt. Das Leben erscheint dir im Moment wie ein wunderbarer Traum, den du gerne festhalten möchtest. Es liegt an dir, dich weiterhin glücklich zu fühlen, denn du selbst bist der Schöpfer deines Glücks. Weiter so!

☹ Du wünschst dir Glück? – Da bin ich! Verinnerliche mein Bild und lass dich von meinen Farben inspirieren. Nichts hindert dich daran, glücklich zu sein, außer du selbst. Mach dich nicht abhängig davon, ob andere dich glücklich machen. Das ist unnütz. Das Glück schlummert in dir, öffne dich dafür! Sei du der Schöpfer deines eigenen Glücksgefühls, denn es steht dir zu und wird dir von uns himmlischen Wesen ständig zugesandt. – Ich komme heute zu dir, um dir die „Brille" der Dunkelheit abzunehmen und dir goldene Glücksstrahlen zu senden, schau mal genau hin!

Ausblick:

Sei du selbst, hör auf dein Gefühl und erschaffe dir viele eigene Glücksmomente, denn dein Glück hängt von nichts und niemanden ab. Jedes Mal, wenn dich das Glück beschwingt, sei gewiss, dass ich bei dir bin und deine Lebensspur mit goldenen Strahlen bereichere.

Der Engel der Großmut

sagt zu Dir:

Tageskarte:

☺ Dir geht es gut! In deinem Umfeld aber gibt es möglicherweise jemanden, der deine Hilfe braucht. Sei du heute der Engel der Großmut für diesen Menschen und schenke ihm deine Aufmerksamkeit. Gib selbstlos und großzügig. Es muss nichts Materielles sein. Dein weites Herz anzubieten, ist weitaus wertvoller. Lerne diese Haltung für dein Leben; es wird dein Herz bereichern und deine spirituelle Entwicklung fördern. – Ich schaue dir anerkennend zu.

☹ Gehe in dich und frage dich, warum du mit deinen Worten, Taten oder Gaben so geizt. Wovor hast du Angst? So weit, wie ich meine Flügel ausbreite, solltest du dein Herz öffnen, um die Enge in dir, die dich einsam macht, aufzulösen. Hilfsbereit und mildtätig zu sein, bezeugt dein göttliches Sein. Entfalte diese Gabe, die in dir schlummert, und du wirst Licht in dein Leben bringen. – Ich stelle dich zur Unterstützung unter meinem Strahl der Großmut.

Vergangenheit:

Dein weites Herz ist Balsam für die Seele jener, denen du deine Freigiebigkeit und Großzügigkeit geboten hast. Es ging nicht immer um Materielles, sondern vielmehr um die Gaben deines Herzens. Du hast die Wärme deines inneren Lichts an deine Mitmenschen weiterzugeben gewusst und dich somit zu meinem Partner gemacht. – Ich danke dir dafür!

Gegenwart:

☺ In dieser Phase deines Lebens hast du die Gelegenheit, deinen Großmut weiterzuentwickeln. Du hast die Weite deines Herzens entdeckt, die dein göttliches Sein bezeugt. Dein selbstloses Geben von Zuwendung, Beachtung und Liebe erwirkt eine Ausstrahlung, die dich für deine Mitmenschen zu einem Engel macht. – Danke Partner!

☹ Es ist an der Zeit, dass du die Enge in deinem Herzen loslässt. Lass deinen Kleinmut beiseite. Er macht dich nur einsam und hart. Schau auf mich! So wie ich meine Flügel weit ausbreite, so kannst du dein Herz weiten. Dein göttliches Sein dürstet danach und möchte dich zur Entfaltung deiner Barmherzigkeit und Freigiebigkeit wachrufen, damit du deinem übermächtig gewordenen Ego zeigst, wer du wirklich bist. – Ein göttliches Wesen mit der Gabe zu selbstlosem Großmut.

Ausblick:

Lass stets deinen Großmut wirken, es gehört zu deinem göttlichen Sein. Enge im Herzen macht einsam und hart. Sei großzügig im Geben, nicht nur in materiellen, sondern vielmehr in Herzensdingen. – Es wird dein Herz bereichern.

Der Engel der Güte

sagt zu Dir:

Tageskarte:

☺ Meine Schwingen öffnen sich sanftmütig und gütig über der Welt, in der du lebst. Ich sende dir meine wärmende, barmherzige Schwingung bis in dein Herz hinein, denn es ist heute für meinen Funken der Güte besonders empfänglich. Sei gütig mit dir selbst, zu deinen Mitmenschen und auch zu Tieren und Pflanzen. Deine Liebenswürdigkeit wird Balsam für all jene sein, denen du die Hand reichst. – Wenn du mich brauchst, so rufe mich. Ich schwebe über dir und warte.

☹ Deine Seele kennt die Güte, die in dir leuchtet. Lass sie aus dir heraus und nutze sie für dich! Sei gut zu dir, du brauchst es jetzt besonders. Empfange meinen Strahl der Güte, der dir wieder inneren Frieden geben möge. Spüre die Geborgenheit, die deine Seele gesunden lässt. Schenk dir selbst mehr liebevolle Aufmerksamkeit.

Vergangenheit:

Du hast mit deiner Güte eine liebevolle Schwingung, wie ein Schleier um dich herum ausgelegt, die für deine Mitmenschen Trost und Hilfe waren. Es ist auch für dich selbst heilsam gewesen, weil du dir dadurch bewusst geworden bist, welch eine lichtvolle Kraft aufkeimt, wenn du dir selbst und anderen Gutes tust.

Gegenwart:

☺ Dir geht es gut und ich freue mich darüber! Nutze dies, um dir selbst und anderen Gutes zu tun. Tu es! Tu es von Herzen und mit leisen, stillen Taten. Erfreue dich an der Wirkung. Zeige deine Güte in deinem Antlitz, deinem Blick, deinem Lächeln und lass es ein Geschenk sein, für das du nichts zurückerwartest – sei gütig in deinen Gedanken, Worten und Taten.

☹ Sei gütig zu dir selbst und hadere nicht, denn du bist ein Kind Gottes. In dir ist so viel Güte, wie du bereit bist, sie dir selbst und anderen zu schenken. Geh in dich und verbinde dich dort mit mir. Lass dich von meinem Strahl der Güte umhüllen, den ich dir, über der Erde schwebend, bis in dein Herz sende. – Spüre die Güte Gottes, die dir und allen Wesen auf Erden zusteht.

Ausblick:

Denke stets daran, wie viel Güte bewirken kann. Biete deinen Mitmenschen ein Lächeln, eine Geste des Trostes, einen wärmenden Blick oder sanfte Worte, wann immer du diese Kostbarkeiten an sie schenken möchtest. Es wird stets Balsam für ihre Seelen sein. – Gott hat uns Engel zu euch geschickt als seine Perlen der Güte.

Erzengel Haniel

Mein Name bedeutet „Die Herrlichkeit"

Hadere nicht mit dir, mach dich nicht klein! Du bist ein göttliches Wesen und Gottes Liebe pulsiert in dir.

Ich bringe dir Trost und Zuversicht, um die Wunden zu heilen, die dir ein möglicher Schicksalsschlag zugefügt hat. Lass die Gedanken vorbeifliegen, die dich jetzt betrüben. Alles, was dir begegnet, hat einen Sinn. Nimm es an, hadere nicht damit. Es könnte dir im Moment schwer fallen, aber wisse, dass die göttliche Ordnung keine Fehler macht. – Den Sinn dessen, was dich jetzt bedrückt, wirst du eines Tages erkennen. Sei sogar dankbar dafür, diese Erfahrung zu machen, denn sie gehört zu deinem Lebensplan. Sie wird dir Erkenntnisse schenken, aus denen du lernen und deine wahre Größe entwickeln wirst. Durch Enttäuschungen und Schicksalsschläge werden deine Stärke, dein Mut und deine Selbstsicherheit in dir aufgebaut und belebt. – Möge dir dies zum Trost dienen.

Du hast allen Grund, Selbstvertrauen zu haben, denn in dir schlummern göttliche Kräfte, die du zur Umsetzung deiner Ideen nutzen solltest. Glaub an dich! Ich möchte dein Vertrauen in dich selbst stärken und dir dazu verhelfen, jene Blockaden zu lösen, die dich momentan hindern, deinen Fähigkeiten zu trauen und ihnen zu folgen. Spüre den Impuls, der dich zum Handeln antreibt, um deine

Ideen umzusetzen und zu verwirklichen! – Ideen sind himmlische Funken, die wir Engel an euch Menschen senden. Wir freuen uns, wenn ihr sie umsetzt. Aber achte darauf, ob es wahre Ideen oder nur Illusionen sind; dies gilt es zu durchschauen. – Rufe mich, wenn du Hilfe dazu brauchst!

Vielleicht hast du im Moment das Gefühl, mit deiner Weisheit am Ende zu sein. Bist du aber nicht. Es ist nur dein Gedanke, dem du glaubst. Du kannst nicht am Ende deiner Weisheit sein, du brauchst höchstens eine Eingebung, damit du wieder weiterweißt. Achte auf kleine Signale, die ich dir als Eingebung sende, und die wieder den Faden zu deinen Ideen knüpfen. Es geht immer weiter, es gibt keinen Stillstand. Du wirst die richtige Entscheidung treffen, die richtige Idee haben und neue Wege finden, denn du hast die passende Gabe in dir! – Vertrau darauf!

Lass dich von niemandem beirren, glaube deinem Gefühl, deinem Herzen und du wirst immer richtig liegen. Dazu sende ich dir heute meine schöpferische und kreative Energie – mach etwas daraus!
Sei dir der Herrlichkeit Gottes bewusst, sieh um dich und du wirst sie in allem entdecken, was ist. Auch in dir!

Ich inspiriere dich mit Weitsicht und Beständigkeit, um zu erkennen, dass sich dir immer wieder eine neue Chance bietet. Blicke nach vorn und sei neugierig auf das, was das Leben dir schenkt. Jeden Tag.

Der Engel der Harmonie

sagt zu Dir:

Tageskarte:

☺ Wunderbar! Heute bist du im Einklang mit dir selbst. Freu dich darüber und nutze diese harmonische Schwingung, um alte Unstimmigkeiten zu „glätten" und sie in Liebe zu verwandeln.

☹ Du glaubst der Himmel ist für dich verschlossen? Weder das Licht noch die Liebe Gottes erreichen dich? – Schau zu mir! Ich habe den Himmel für dich geöffnet und sende dir die göttliche Harmonie. – Öffne dich dafür!

Vergangenheit:

Der Himmel stand dir offen und dein Leben war von meiner Schwingung beseelt. Sei dankbar für diese Zeit! Und denk daran: Gott möchte, dass du dein Leben glücklich verbringst, also lass die göttliche Harmonie weiterhin an deinem Leben teilhaben.

Gegenwart:

☺ Du bist im Reinen mit dir und kannst aus der göttlichen Harmonie schöpfen. Nutze diesen Einklang, um dein spirituelles Wachstum weiterzuentwickeln. – Genieße den Lichtstrahl der Harmonie, auf dem du jetzt schreitest, und blicke durch die Öffnung des Himmels: Ist das Leben nicht ein wunderbares Geschenk? – Bedanke dich dafür.

☹ Du findest mich im Moment nicht, rufst mich nicht und lässt dich von deinem Ego leiten. So kannst du keinen Blick zum „offenen" Himmel richten, um mich dort zu erblicken: Ich bin da, um deinen Wunsch nach Harmonie zu erfüllen. – Aber du musst daran glauben, dass dir Harmonie und Frieden zustehen. Weil Gott will, dass sich deine innigen Wünsche erfüllen.

Ausblick:

Nutze deine schöpferische Kraft, die dir Gott gegeben hat, um Harmonie für dich und andere zu erschaffen. Du wirst sie nicht in materiellem Reichtum finden, aber in der Reinheit und Schönheit deines Herzens. Blicke in den Himmel, geh in die Natur und du wirst dort stets die göttliche Harmonie finden. – Lass sie an deinem Leben teilhaben.

Der Engel der Heilung

sagt zu Dir:

Tageskarte:

☺ Schau in das „Auge" Gottes (dreh die Karte horizontal) und spüre die Heilung in deinem Herzen. Sie kann geschehen, wenn du es zulässt.

☹ Niemand, außer du selbst verhinderst die Heilung deines Kummers, die Heilung deines Leids. Rufe mich, so werde ich dich umarmen und dir Gottes Liebe zur Heilung deiner dunklen Gedanken bringen.

Vergangenheit:

Du hast Erkenntnisse gewonnen, die deine Gedanken, Worte und Taten durch die Liebe unseres Schöpfers haben heilen lassen. Halte diese Erfahrungen fest und lass dich durch dein Ego nicht mehr von IHM trennen.

Gegenwart:

☺ Sei dankbar für die Heilung deiner Gedanken, Worte und Taten. Du hast meine Umarmung empfangen und angenommen. Halte diese Erfahrung fest und lerne sie immer zu nutzen, wenn du mich wieder brauchst.

☹ Warum gewährst du mir keinen Zugang zu dir? Warum glaubst du nicht an mich? Hat dich dein Kummer und Leid so fest im Griff, dass du nur an das dunkle Bild glaubst, das dir dein Ego „vorgaukelt"? – Dennoch, sei gewiss: Die Liebe unseres Schöpfers kann alles heilen, öffne dich dafür!

Ausblick:

Deine Bitte wird erhört, weil sie von Herzen kommt. Die Zeit der Heilung deiner Wunden wird kommen. Du wirst geheilt auf neue Pfade deiner Lebensspur zugehen und deine innere Heilung genießen. Dir kann allerdings keine Heilung zukommen, bevor du nicht dein „Ich will haben" abstellst. Lass dein Ego beiseite, besinne dich auf dein „ICH BIN", schau in das Auge Gottes (dreh die Karte horizontal) und bitte um die Heilung deiner Gedanken, Worte und Taten durch seine bedingungslose Liebe.

Der Engel des Herzens
sagt zu dir:

Tageskarte:

☺ Öffne dich heute für die Liebe Gottes, die ich dir in dein Herz hinein sende. Allzeit deines Lebens spürst du durch das Pulsieren deines Herzens die Liebe Gottes in dir. Mit jedem Pulsschlag sagt Er zu dir: Ich liebe dich bedingungslos, so wie du bist. – So wie du bist, bist du perfekt. Genieße das wärmende Gefühl der Liebe im Herzen und erkenne, welch göttliches Wesen du bist.

☹ Hast du heute Kummer in deinem Herzen? Ist dein Herz heute schwer? Befreie dein Herz von deinem Kummer und schreibe ihn für mich auf. Ich nehme ihn dir ab und sende dir dafür die Liebe Gottes in dein Herz. Lass dich von seiner Liebe trösten und öffne dein Herz für die Schönheit des Lebens. Betrachte die Schöpfung, die Gott für dich erschaffen hat und zu der du als göttliches Wesen gehörst. – Alles wird gut!

Vergangenheit:

Herzensangelegenheiten haben sicherlich auch deinen Lebensweg begleitet. Behalte sie als kostbare Geschenke für deine innerliche Entwicklung in deinem Herzen und freue dich, dass sie dir Erfahrungen und Erkenntnisse geschenkt haben. – Halte dein Herz weiterhin offen dafür.

Gegenwart:

☺ Es ist mir eine Freude, dir die Liebe Gottes in dein Herz zu senden. Dein Herz ist voll Liebe und Freude, daher sind wir momentan herzlichst verbunden! Genieße die Wärme, die in deinem Herzen herrscht, und schenke sie den Menschen in deinem Umfeld, um sie damit zu beglücken. Du wirst für sie wie ein warmer, farbenfroher Lichtstrahl sein, so, wie es dir mein Bild zeigt, und sie damit tief im Herzen berühren. Ich danke dir für deine Mithilfe, Liebe im Herzen der Menschen zu „verteilen". – Mein Herz gehört dir!

☹ Auch wenn dein Herz im Moment schwer ist, glaub mir, es wird auch wieder leicht und beschwingt werden. Sieh das Lächeln eines Kindes und wisse, es bin ich, die dich da anlächelt. Lass dich von dem farbenfrohen Licht meiner Strahlen umhüllen und dir die Liebe Gottes in dein Herz bringen. Spüre die Wärme, die dein Herz erfüllt und deinen momentanen Kummer in ein wohliges Gefühl umwandelt. Schreibe mir von deinem Kummer, ich kümmere mich darum. Wisse, dass ich zu dir gekommen bin, um wieder Licht in dein Herz zu bringen. – Schaue auf mich und lass mein Bild auf dich wirken!

Ausblick:

Wisse, dass du mich in Herzensangelegenheiten stets rufen kannst, dass du mich in jedem Lächeln eines Kindes findest und die Liebe Gottes stets in deinem Herzen pulsiert. Höre immer auf die Stimme deines Herzens, wenn du nach Lösungen in Lebensfragen suchst. Versuche stets, in das Herz deiner Mitmenschen zu sehen, denn nur dort findest du die Wahrheit und mich!

Der Engel der Hoffnung

sagt zu Dir:

Tageskarte:

☺Wie lange hast du gewartet auf die Erfüllung dessen, was du dir erhofft hast? – Nun ist es soweit! Mein Regenbogen flackert in all seiner Pracht, erhellt vom Funken deiner Hoffnung, und legt sich wie ein Zauberstab über die baldige Verwirklichung deiner Wünsche.

☹Sobald du deine Erwartungen mit Worten wie „aber“, „es klappt ja doch nicht“ oder ähnlichen belegst, lässt du mir keine Chance, den Funken zur Erfüllung deiner Hoffnung zu entfachen. Deine Bedenken verdunkeln die Farben meines Regenbogens und verhindern das Beseelen dessen, was du dir erhoffst. – Es gibt immer ein Fünkchen Hoffnung, erkenne es!

Vergangenheit:

Du hast die Hoffnung nie aufgegeben und an mich geglaubt. Daher konnte ich meinen Regenbogen über dir leuchten lassen und dir dein Erhofftes erfüllen.

Gegenwart:

☺ Schau wie schön die Farben meines Regenbogens für dich leuchten! Er funkelt über dir und versprüht seinen Zauber zur Erfüllung deiner Hoffnung über dir. Genieße es! – Ich freue mich mit dir!

☹ Da sitzt du nun und fragst dich, wieso sich deine Erwartungen nicht erfüllen. Könnte es sein, dass du die Hoffnung aufgegeben hast? Dann hast du auch mich aufgegeben. Verschließt du dich meiner Energie durch dein Aufgeben, fällst du in Hoffnungslosigkeit und mein Funke kann dich nicht erreichen. – Schau auf meinen Regenbogen, er ist für DICH da! ... öffne dich für ihn und du wirst die Welt wieder in bunten Farben sehen.

Ausblick:

Ja! Das Fünkchen Hoffnung wird sich zu einem Feuerwerk entfachen und deine Erwartungen zu erfüllen – wenn du mich rufst und mir somit die Kraft gibst, um die göttliche Fügung für dich in die richtigen Bahnen zu leiten. Du wirst meine Zeichen erkennen, und wenn du ihnen folgst, wirst du auf den Farben meines Regenbogens schreiten.

Der Engel der Inspiration
sagt zu Dir:

Tageskarte:

☺ Geh in dich, horch in dich hinein und erspüre die filigrane Schwingung meiner Inspiration. Unterstreiche diese Schwingung mit einer passenden Musik, öffne dich und du wirst meinen inspirierenden Funken in dir finden, ein Feuerwerk an Impulsen und Eingebungen. Nimm dies dankbar an, als meinen „Strauß“ der Inspiration für dich. – Lass ihn gedeihen!

☹ Wohin lässt du dich von deinem Ego treiben? Schau lieber zu mir! Ich bin für dich da und warte auf deine Bitte, dir helfen zu dürfen. Du bist ein sehr fähiges und göttliches Wesen, werde dir dessen bewusst! Schiebe dein Ego beiseite und schau in dein Herz. Dort schlummern deine Geistesfunken und -blitze. Lass sie uns gemeinsam wecken und du wirst deinen momentanen dunklen Schleier vergessen. – Ich umarme dich!

Vergangenheit:

Begleitet von den beschwingten Farben des Regenbogens schwebe ich hinauf im Strahl der Inspiration. Auch du bist diesem Strahl gefolgt und konntest somit dein spirituelles Selbst im Licht der Inspiration zum Leuchten bringen. Das hat eine strahlende Aura bei dir bewirkt, die wiederum die Menschen in deinem Umfeld inspiriert.

Gegenwart:

☺ Lass dich inspirieren! Ist der Gesang eines Sperlings nicht auch die Melodie des Himmels? Lausche den Klängen der Natur, die in deinem Herzen Resonanz finden werden. Lass dich davon erheben, um meinen „Strauß“ an Inspirationen zu empfangen. – Ich warte auf dich!

☹ Befreie dich aus dem „Jammertal“, in das dich dein Ego gelenkt hat. Sei die krönende Blume auf meinem Haupt und schwinge dich mit mir im Strahl der Inspiration empor. Empfange dort meinen inspirierenden Funken und der dunkle Schleier wird sich auflösen. – Kommst du mit?

Ausblick:

Du bist ein Kind Gottes. In dir leuchtet die göttliche Schöpferkraft, die dich dazu befähigt, alles zu schaffen, was du wirklich willst. Nutze sie und lass dich von den Impulsen und Eingebungen leiten, die dir meine Funken schenken. Erkenne deine Fähigkeiten, die dir mitgegeben wurden. – Ruf mich, wenn du mich brauchst.

Erzengel Jophiel

Mein Name bedeutet: „Die Weisheit Gottes“

Steht dir heute eine Prüfung bevor? Haderst du mit einer Lebensfrage und suchst nach einer Antwort? Hast du das Gefühl, dass in deinem Leben die Sonne nicht mehr scheint? – Dann bin ich heute bei dir genau richtig!

Ich verbinde dich mit deinem Höheren Selbst und mit der himmlischen Weisheit. Du suchst nach Ideen, Inspiration oder einem klärenden Gedanken. Ich erhelle deinen Geist und schenke dir eine blitzartige Erleuchtung, sodass du plötzlich klar siehst.

Ich helfe dir, wenn du Dinge besser verstehen möchtest, wenn du vor Prüfungen stehst oder wenn du einen zündenden Gedanken brauchst, um weiterzukommen.

Schau auf mein Bild und sieh, dass alle Weisheit des Himmels über mich mit euch auf Erden verbunden ist. Durch meine Energie erlangst du das Erwachen deiner Seele. Ich schenke dir Erkenntnisse und Lösungen, die dich zur Erfüllung deines Lebensplans führen. Ich biete dir den Geistesfunken, der deine Gedanken inspiriert und dich dazu führt, selbst Lösungen zu finden, und der dir dazu verhilft, dich selbst besser zu verstehen.

Wenn du heute vor einer Prüfung stehst, beruflich oder als „Lebensprüfung, so wisse, dass ich deiner inneren Stimme eine Eingebung sende, die in dir die nötige geistige Klarheit entstehen lässt.

Heute präsentieren sich dir Lösungen. Du wirst vor Ideen sprühen und so manche Angelegenheit klären können. Gestärkt durch Klarheit in deinen Gedanken, wird dein Selbstbewusstsein wachsen und von Freude gekrönt sein.

Wenn du heute kein Licht am Horizont siehst, mutlos bist und Zweifel an dir selbst hegst, möchte ich dir Mut machen und dich mit der Weisheit des Himmels beschenken. Hab Vertrauen in deine Fähigkeiten und Gaben! Du bist ein göttliches Wesen und kannst deinen Stärken vertrauen. Ängste sind nicht angebracht, denn es sind nur deine Gedanken, die dir Angst machen. Horche in dein Herz hinein, dort findest du alle Antworten zur Erhellung deiner Situation. Die Antwort fühlst du. Vertraue darauf und wisse, dass ich es bin, der dir die Antwort in dein Herz sendet. Ich erfülle deinen Körper, deine Seele und deinen Geist mit Licht. – Dem Licht der Weisheit!

Du wirst Freude fühlen und wieder lachen können, denn dir werden Dinge klar, über die du dir den Kopf zermartert hast. Dies wird dir inneren Frieden geben und du wirst beschwingt in deine Zukunft blicken.

Empfange mein Licht, meine Klarheit und die Liebe Gottes, damit du den weiteren Weg auf deiner Lebensspur erhellt, offen und feierlich beschreiten kannst. – Sei umarmt.

Der Engel der Klarheit

Sagt zu dir:

Tageskarte:

☺ Ich fühle die Energie der Klarheit als eine mich emporschwingende Kraft, wie sie auf meinem Bild symbolisch zu erkennen ist. Vielleicht wirst auch du diesen Impuls der Klarheit spüren, wenn dir heute eine Erkenntnis zufallen sollte. Klar und deutlich wirst du vielleicht eine Situation durchschauen oder die Antwort auf eine Frage finden, mit der du dich schon lange beschäftigst. – Es bieten sich dir heute Chancen auf klärende Gespräche und erhellende Ergebnisse. Freue dich darauf!

☹ Verzage nicht! Deine dunklen Gedanken werden sich durch die Energie der Klarheit aufhellen und dir eine wunderbare Erkenntnis schenken. Bei allem, was du als Problem ansiehst, hilft dir die Energie der Klarheit bei der Lösung. Daher geh in dein Inneres und verbinde dich in der Stille mit meiner Energie, wenn du dir über etwas klar werden willst. Gerade heute komme ich zu dir, um dir diese Energie zu senden, damit wir uns in dem Moment, wenn du die Lösung klar und deutlich erkennst, gemeinsam „emporschwingen".

Vergangenheit:

Sicherlich gab es Situationen in deinem Leben, in denen du deinen klaren Geist hast wirken lassen, was dich wiederum zu klaren Lösungen führte. – Ich möchte dich an jene Momente erinnern, und dich dazu ermutigen, auch künftig deinem klaren Geist zu folgen. Nur dort, in der Klarheit deines inneren Lichtes, findest du zu deiner eigenen Weisheit.

Gegenwart:

☺ In deinem Leben herrscht zurzeit Klarheit. Daher empfindest du jeden Tag als Geschenk und erfreust dich daran. Mit deiner hellen und reinen Ausstrahlung erfrischst du dein Umfeld und sendest Licht in die Herzen. Genieße weiterhin das Fluidum dieser Energie und es werden sich dir helle Ziele eröffnen.

☹ Deine Klarheit ist momentan benebelt. Schalte das Geschwätz deiner Gedanken aus! Geh in dich und suche in der Stille den Pfad zu deiner Klarheit, die tief in dir mit der Quelle der göttlichen Weisheit verbunden ist. Es wird dir ein Licht aufgehen! Schau auf mein Bild und lasse dich von meiner Energie inspirieren, damit wir uns dann gemeinsam, nach deinem „Aha-Erlebnis", mit der Kraft der Klarheit emporschwingen können.

Ausblick:

Klarheit erfordert einen klaren Geist. Bemühe dich, dein Leben mit deinem klaren Geist zu beleuchten, und du wirst immer den richtigen Weg für dich finden. Halte das Geschwätz deiner Gedanken an, wenn es die Situation erfordert, und suche in der Stille nach der Klarheit deines Geistes. Nur dort findest du zur Quelle der Weisheit und triffst dann die richtigen Entscheidungen. Lasse alles, was dich benebeln könnte, wie deine Gedanken oder das Gerede der anderen, beiseite und traue deiner eigenen Klarheit! – Sie ist die Weisheit, die in deinem Herzen wohnt.

Der Engel der Kraft

sagt zu Dir:

Tageskarte:

☺ Mit deiner inneren Kraft und Stärke kannst du heute alles meistern! Du bist mit der göttlichen Schöpferkraft und mit mir verbunden. Schau, welch eine Wirkung diese Kraft ausüben kann. Die Farben deiner Aura leuchten klar und kraftvoll, wie meine. Wenn du so vor Kraft sprühst, kann niemand auf dich einwirken und dich niemand beeinflussen. Du bist stark, selbstbewusst und voll Vertrauen zu dir selbst. – So kannst du voll Stärke deine Lebensaufgabe meistern!

☹ Meinst du deine Kraft verloren zu haben? Glaub mir, es ist nicht so. Bitte darum, dass sich die göttliche Kraft in dir entfaltet, dass du wieder voller Stärke deine Lebensaufgabe schaffst. Suche die Harmonie in dir, in deiner Mitte, dann wirst du erkennen, welch eine Kraft in dir ist! Hab Vertrauen in die göttliche Kraft, die dir jederzeit zur Verfügung steht. – Verbinde dich mit ihr, ich bringe sie dir.

Vergangenheit:

Um deine Lebensaufgabe zu meistern, brauchst du stets Kraft und Stärke. Du hast sie zu nutzen gewusst und bist somit gestärkt und selbstsicher in deinen Entscheidungen vorangekommen. Deine Kraft leuchtete in dir und gab dir die Stärke, um dein Leben mit Achtung und Haltung zu meistern.

Gegenwart:

☺Deine momentane innere Stärke wirkt zündend auf deine Ideen, Vorhaben und Ziele, wie ein Zauberstab. Aus dieser Kraft heraus kannst du alles umsetzen und meistern. Hab Vertrauen in deine Entscheidungen und deine Urteilsfähigkeit. Dienen diese dem Wohl des Universums und sind sie vom inneren Licht deines Herzens getragen, ist dir die Unterstützung des Himmels gewiss. – Und meine auch.

☹Hab Vertrauen! Deine innere Schöpferkraft leuchtet in dir und wartet darauf, von dir gezündet zu werden. Bitte mich um Hilfe und ich werde dich unterstützen. Visualisiere dich von meinen kraftvollen Farben umrahmt, damit sie deine Aura leuchten lassen und dich innerlich stärken. Glaube an deine innere Kraft, die dir als göttliches Wesen zusteht, und lass sie wirken.

Ausblick:

Sei dir stets bewusst, dass du, als göttliches Wesen, die Schöpferkraft in dir trägst. Sie lässt dich alles erschaffen, was du wirklich willst, wenn es dem Wohl des Universums dient und somit auch dir.

Der Engel des Lebens
sagt zu Dir:

Tageskarte:
☺ Das Licht in meiner Hand leuchtet als Lebensfunke in deinem Herzen. Er ist die Lebensflamme deines Körpers, das Leuchten deines Geistes und die Lebensfreude deiner Seele. Körper, Geist und Seele fügen sich zusammen zur Komposition deiner Lebensmelodie, die du dir für dein jetziges Leben ausgesucht hast. – Heute ist diese Melodie beschwingt und freudig! Lass sie uns gemeinsam singen.

☹ „Das Leben ist hart“, sagt ihr Menschen oft und dem wirst du im Moment wohl zustimmen. Verzage nicht! In dir leuchtet der göttliche Lebensfunke, der dich befähigt, alles im Leben zu erreichen, was du wirklich willst. Möglicherweise hast du den Pfad deines Lebensplans verlassen und deine Seele schickt dir durch mich ein Signal. Bemühe dich, wieder im Einklang mit der göttlichen Energie zu kommen, dass sich Gottes Wille in dir entfaltet. – Rufe mich und ich werde dir helfen!

Vergangenheit:
Die unzähligen Facetten des Lebens bieten Zeiten des Lichts, aber auch der Dunkelheit. Du hast sie angenommen, so, wie sie auf dich zukamen – und das war gut so! Denn sie waren nötig für das Reifen deiner Erkenntnisse und Erfahrungen. – Ich habe dich stets dabei begleitet.

Gegenwart:

☺ „Das Leben ist schön!“, sagt ihr Menschen, wenn sich die Umstände in und um euch erfolgreich gestalten. Aber ich sage dir, das Leben ist IMMER schön. Es kommt nur darauf an, aus welcher inneren Einstellung heraus du es gerade betrachtest. Im Moment bist du im Einklang mit der göttlichen Energie, die in dir eine lichtvolle Schwingung erwirkt. – Lass deine Lebensfreude sprühen, hab Spaß am Leben!

☹ Überdenke dein Leben. Sei offen für die Chancen, die dir das Leben bietet, für Fügungen und für das, was dir „zu-fällt“. Auch wenn du momentan in einer für dich dunklen Phase weilst, sei dir gewiss: Die Lichtvolle wartet auf dich! Lass dich nicht von deinem Ego verführen. Es gaukelt dir trübe Gedanken vor, durch die Dunkles magnetisch angezogen wird. Nimm dein Leben in die Hand und mach etwas daraus. Es ist dein höchstes Gut! – Es wurde dir alles gegeben, um Freude am Leben zu haben.

Ausblick:

Alles was dir unerwartet „zu-fällt“ sind Fügungen von uns Engeln, die dir dazu verhelfen deinen Lebensplan zu erfüllen. Dein Leben ist einzigartig und gestaltet sich so, wie du es mit deinem freien Willen bestimmst. Daher achte auf deine Gedanken, Worte und Taten und bitte täglich um deren göttliche Führung.

Der Engel der Lebenslust
sagt zu Dir:

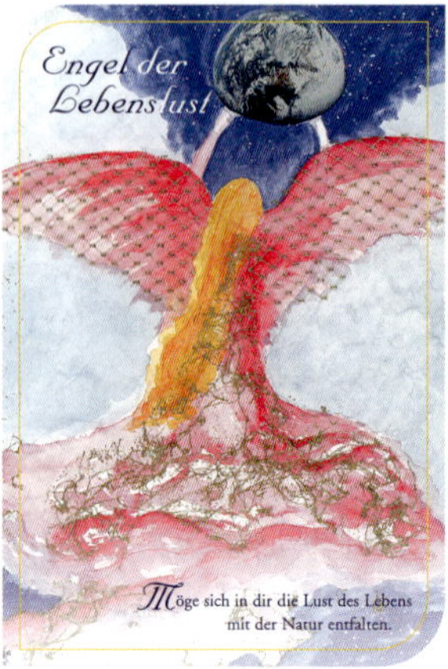

Tageskarte:

☺ Bist du in das Leben verliebt? Dann weißt du, was das Gefühl der Lebenslust bewirkt. Nichts kann dich heute beirren: Das Leben ist einfach schön! So, wie ihr Menschen empfindet, wenn ihr in einem Menschen verliebt seid, so ist es, das Leben mit „verliebten“ Augen zu sehen. Alles erscheint dir hell und freudvoll. Alles, was du erlebst und siehst, beglückt dich. Lass deine Mitmenschen an deiner euphorischen Energie teilhaben und beschenke sie mit deinem Freudenfeuer, damit auch sie erkennen: Das Leben ist ein Fest! – Lass uns gemeinsam die Welt umarmen!

☹ Mit deiner gedämpften Lebenslust machst du dir das Leben schwer. Und doch ist das Leben lebenswert und schön! Was hast du dir von deinem Ego erschaffen lassen, dass deine Lebenslust so verdunkelt ist? Besinne dich auf das Geschenk Gottes an dich: Dein Lebensfunke ist zum Strahlen da! Lass diese „heilige Flamme“ wieder in dir aufleuchten! Sei wieder du selbst und bitte mich, dir zu helfen. – Ich bin für dich da!

Vergangenheit:

Die Lust zum Leben ist euch Menschen als Lebensfunke in eurem Herzen mitgegeben. Du hast die Lebenslust genossen und somit die Chancen zu nutzen gewusst, die dir das Leben bot. Die Lebenslust war in jenen Momenten in dir gegenwärtig, in denen du das Leben mit den Augen der „Verliebtheit“ sehen konntest. – Ja! Das Leben ist zum Verlieben schön!

Gegenwart:

☺ Könntest du die ganze Welt umarmen? Kein Wunder! Du durchlebst die Lust des Lebens, bist in das Leben verliebt. Es ist die Chance, alles Helle und Freudvolle, das sich dir bietet, als solches zu erkennen und dafür dankbar zu sein. Höre auf die Stimme deiner Seele. Sie zeigt dir, dass dein Leben ein Fest ist und du darin die Hauptperson bist. Beherzige dies! So wird die Lust des Lebens jederzeit in dir blühen können. – Ich umarme dich!

☹ Der Schleier vor deinen Augen, den dir dein Ego übergestülpt hat, erstickt deine Lebenslust. Und dennoch ist sie sehr wohl in dir vorhanden und lebendig! Geh in dich und bitte darum, dass sich in dir die Lust des Lebens mit der Natur wieder neu entfalten möge. Jeder Baum, jede Blume, jeder Schmetterling, der Wind, die Sonne, das Meer – sie alle sind Zutaten, um die Lebenslust zu erfahren. Sei du dir selbst eine weitere Zutat! – Ich bin für dich da, wenn du mich rufst.

Ausblick:

Denk stets daran: Das Leben ist ein Fest! Lass deine Lebenslust sprühen, gebe dich deinem inneren Licht hin! Alle Türen werden sich dir öffnen, wenn du diese Einstellung in dir festigst und sie durch deine Ausstrahlung für deine Mitmenschen sichtbar machst. – Lebe deine Lebenslust!

Der Engel des Lichts
sagt zu Dir:

Tageskarte:
☺ Na wunderbar! Heute erwartet dich ein lichtvoller Tag! Tauche ein in das göttliche Licht, es ist stets in dir und über dir. Achte auf alle lichtvollen Signale, die dir heute begegnen könnten: Das süße Lächeln eines Kindes, ein lieber Anruf, eine schöne Melodie aus dem Radio. Oder gönne dir doch mal einen Blumenstrauß! – Sei beschwingt und lass das Licht in deinem Herzen für dich und andere erstrahlen! – Sei du ihnen ein Licht!

☹ Glaub mir, ich schwebe über dir, auch wenn du mich im Moment nicht spürst. Es ist dein Ego, das zwischen uns steht. Lass es nicht zu! Lass den Kopf nicht hängen, sondern erhebe ihn, denn über dir ist das göttliche Licht immer gegenwärtig. – Oder glaubst du, nur weil es Nacht ist, ist die Sonne nicht mehr da?

Vergangenheit:
Du hast das göttliche Licht in dir gespürt. Ein Zeichen für den richtigen Pfad deines Lebensplans. Versuche, diesen Pfad nicht zu verlassen. Bleib dir treu, so wirst du dir stets selbst ein Licht sein.

Gegenwart:

☺ Ja! Weiter so! Du befolgst deinen Lebensplan und lässt dich von deinem inneren Licht führen. Genieße es! Ich freue mich mit dir.

☹ Du bist nicht allein. Gottvater liebt dich so, wie du bist: ein wertvolles, göttliches Wesen. Wenn dich im Moment dunkle Gedanken verfolgen, so wisse, es ist dein Ego, das dich im Griff hat und dich führt. – Bitte um das Licht des Himmels und ich werde es dir bringen.

Ausblick:

Schau nach vorn, siehst du diesen wundervollen, leuchtenden Lichtstrahl? Er wartet auf dich, denn du bist dabei, den Pfad deines Lebensplans wieder zu betreten. – Zünde eine Kerze an, lass eine schöne Melodie erklingen und bedanke dich bei der geistigen Welt. Besinne dich auf dein inneres Licht und öffne dich dafür! Rufe mich jederzeit, um dich mit Licht zu erfüllen, damit du deine Ziele in der Helligkeit erkennen kannst.

Der Engel der Liebe

Sagt zu Dir:

Tageskarte:

☺ Du wirst das Wunder der Liebe sicherlich öfter erlebt haben. Da wo sie ist, gibt es keine Dunkelheit, nur Licht. Liebe dich selbst, denn nur so kannst du auch Liebe geben. Trage die Liebe in deinem Herzen als einen kostbaren Schatz, der dir alle Türen im Leben öffnen kann. Heute funkelt dieser Schatz besonders hell in dir und lässt deine liebevolle Energie leuchten. – Du bist in mir, ich bin in dir.

☹ Besinne dich auf die Liebe, die in deinem Herzen wohnt. Um Liebe empfangen und geben zu können, musst du zuerst dich selbst lieben. Du verdienst es, geliebt zu werden, denn du bist ein einzigartiges göttliches Wesen. Verbinde dich mit der bedingungslosen Liebe Gottes und deine unruhigen und dunklen Gedanken werden sich auflösen. – Lass mich dich in meine Schwingen nehmen, dann berührt dich das Herz der Liebe mit dem Funken der göttlichen Liebe und erhellt dein Herz.

Vergangenheit:

Die Liebe hat dich immer begleitet, denn sie ist mit der göttlichen Liebe in deinem Herzen verbunden. Auch in Zeiten, in denen du dich im Schatten glaubtest, war sie in dir, denn sie ist stets mit deinem Lebensfunken verwoben. Das schenkt dir ewige Innigkeit und Wärme für dein inneres Selbst. – Meine Liebe gebe ich dir, deine Liebe gibst du mir.

Gegenwart:

☺ Die liebevolle Schwingung, die du momentan in dir trägst, bezeugt, dass in deinem Herzen der Funke der göttlichen Liebe glüht. Lass uns gemeinsam diese Liebe in die Welt tragen, denn danach sehnen sich alle Wesen auf Erden. – Gott ist Liebe, du bist Liebe. Bewahre dir dieses Gefühl und deine Aura wird stets wie die meine vom Licht der Liebe leuchten.

☹ Sei dir immer bewusst: Du wirst geliebt. Du bist ein Kind Gottes, der dir seine bedingungslose Liebe schenkt, auch dann, wenn du dich in einer Zeit der Dunkelheit fühlst. Es ist nicht wirklich dunkel um dich, das ist nur eine Illusion, die dir dein Ego im Moment vorspielt. Durchschaue dieses Spiel und bitte mich, dir zu helfen. – Ich umarmen dich mit meinen Flügeln und du wirst wieder die Wärme der Liebe in deinem Herzen spüren.

Ausblick:

Nie darfst du an der Liebe Gottes zu dir zweifeln. Niemals! Ob du dich in Phasen des Lichtes oder der Dunkelheit fühlst, ist unerheblich, denn seine Liebe ist immer für dich da! Du wirst diese Liebe immer wieder in dir spüren und das Wunder erleben, das sie in dir bewirkt. – Nimm dieses Geschenk an. Es ist die höchste Energie in Allem-Was-Ist.

Metatron

Mein Name bedeutet: „Gottes Thron nahestehend“

Als „König der Engel“ bin ich der Ratgeber für neue Möglichkeiten und Wege im Lebensplan oder bei Gewissenfragen. Vielleicht stehst du im Moment, oder gerade heute, in deinem Leben vor einer Gabelung des Weges und suchst nach der dir dienlichen Richtung. Ich helfe dir und sende dir die entsprechenden Signale. – Nur du selbst kannst sie erkennen und wahrnehmen. Horch in dein Herz hinein!

Ich kenne deine Wahrheit und deine Visionen, weil ich in deine Seele blicken kann. Ich verhelfe dir dazu, deine Wahrheit zu leben und deine Visionen zu verwirklichen. Hab Vertrauen zu dir selbst, du bist ein göttliches Wesen und hast ein großes Potential zur Erschaffung deiner Ziele. Wenn du im Moment orientierungslos oder unsicher bist, welches dieser Ziele du angehen solltest, stehe ich dir bei, damit du Klarheit findest.

Möglicherweise schwelt eine Entscheidung schon geraume Zeit in dir und du zögerst noch. Nimm diese Situation als bereichernd an! Sie ist zu deinem Besten, denn sie lehrt dich Klarheit und Entschlossenheit. Alles wird sich fügen und dir letztendlich dienlich sein. Ganz gleich, wie du dich entscheidest oder deinen Weg weitergehen willst, es wird richtig sein. – Alles hat einen Sinn!

Als Hüter des göttlichen Lichts schicke ich dir heilsame Strahlen, die dein Herz erfüllen und dich wieder Licht am Horizont sehen lassen, wenn dein Herz schwer geworden ist durch den Verlust oder die Trennung von einem lieben Menschen. – Hab Geduld mit dir!

Als Hüter der Wunscherfüllung unterstütze ich dich in deinen Wünschen, die sich zum richtigen Zeitpunkt wundersam erfüllen werden. Freu dich darauf, denn sie werden sich für deinen Lebensplan günstig auswirken und dir dazu verhelfen, eine weitere Aufgabe in deinem Leben zu vollenden.

Sieh jeden Tag deines Lebens als ein Geschenk an. Freue dich morgens, wenn der Tag beginnt, darauf, was er dir an Geschenken bieten könnte: Wünsche könnten sich erfüllen, neue Ideen sich einstellen, wie Geistesblitze, jemand könnte dir einen guten Rat geben, du könntest in einer bestimmten Sache endlich Klarheit finden, dein Trennungsschmerz könnte sich auflösen. Oder dein Herz findet einfach Frieden, weil du dich in dem Gedanken der Verbundenheit mit allem, was ist, wiederfindest. All dies könnten Geschenke von mir an dich sein, die ich dir voll Liebe sende. – Habe einen lichtvollen Tag!

Erzengel Michael

Mein Name bedeutet: „Wer ist wie GOTT?“

Heute sorge ich dafür, dass bei dir alles in göttlicher Ordnung abläuft. Somit kannst du dich diesem Tag voller Vertrauen und Gelassenheit hingeben. Genieße alles, was dir heute begegnet. Es wird gut für dich sein, weil ich schützend bei dir bin.

Als Kämpfer des Lichts halte ich mein Schwert gegen alles, was dich heute von deinem göttlichen Plan abhalten könnte. Ich kämpfe mit meinem Schwert, dem Symbol der Kraft der Liebe, um dich vor fremden und schädlichen Energien zu befreien, die nicht zu dir gehören.

Ich stärke das Gute in dir, führe deine Augen wieder zu den himmlischen Mächten und helfe dir, wenn du vom Weg abkommst. Ich verhelfe dir dazu, dein Selbst zu finden, deine Wahrheit auszusprechen und zu leben. – Ich stehe für Wahrheit und Aufrichtigkeit.

Wenn der heutige Tag eine besondere Herausforderung für dich ist und du Mut brauchst, sende ich dir meine, damit sie dich stärken und unterstützen möge.

Ich helfe dir, wenn du die Verbindung zu einem Menschen durchtrennen möchtest, wenn du Angst hast, wenn du dich fürchtest, weil du allein zu Hause bist. Rufe mich! – Ich „durchtrenne“ diese Gefühle und schenke dir Sicherheit.

Ich behüte dich und helfe dir, wenn dir dein niederes Selbst bei deinen Vorhaben im Weg steht. Heute mag ein solcher Tag sein, darum wisse, ich stehe dir bei!

Ich bin der Engel des Kampfes und behüte dich vor allem, was sich dir Böses nähern könnte. Ich „trenne" negative Einflüsse, die dich einhüllen könnten, ich beschütze dich mit meinem „blauen Band des Schutzes", wenn du darum bittest.

Meine Kampfeskraft zum Triumph des Lichts ist unermesslich, und zeigt sich in der schillernden Leuchtkraft meines Gewandes. – Mit dieser Kampfeskraft umhülle ich dich heute, um dich darin zu unterstützen, wenn du besonders viel Kraft tanken musst, Disziplin brauchst oder einen Schub, um etwas zu beenden, das du begonnen hast.

Meine im Bild kraftvoll dargestellte Mächtigkeit möge ein Antrieb für dich sein, deine heutigen Ziele zu erreichen, deine Durchsetzungskraft zu fördern, deine Selbstzweifel zu zersprengen und deine Wahrheit zu finden.

Ich behüte dich heute und helfe dir, durch die Kraft der Liebe voranzukommen.

Der Engel der Mitte

sagt zu Dir:

Tageskarte:

☺ Du stehst in deiner Mitte, im Zentrum deines Seins und kannst daher die Klarheit in deinem Herzen spüren. Ein wunderbares Gefühl, nicht wahr? Mit dieser Klarheit bist du mit Himmel und Erde im Gleichgewicht verbunden. Liebe in beide Richtungen erwärmt dein Herz. Diese Liebe spüren deine Mitmenschen an deiner Ausstrahlung. Sei du ihnen Mitte und Halt. – Meine kreisenden Strahlen begleiten dich.

☹ Versuche, dein Gleichgewicht wiederzufinden und verbinde dich mit Himmel und Erde. Öffne dich für meine Strahlen, dass ich dir zum Gleichklang deines Körpers, Geistes und deiner Seele verhelfen kann. Wie auch immer dein Ego dich zu deiner jetzigen Zerrissenheit geführt hat, rufe mich! Ich werde mich um die göttliche Ordnung in dir kümmern. – Ich umarme dich und führe dich zu deiner Mitte.

Vergangenheit:

In all der Zeit, als du in deiner Mitte standest, war deine Ausstrahlung so gewinnend, dass du auch die Mitte für deine Mitmenschen sein konntest. Im Gleichgewicht mit dem Dreiklang deines Seins, des Körpers, Geistes und der Seele, warst du immer auf dem Weg deiner Lebensspur und in Verbundenheit mit mir.

Gegenwart:

☺ Du sprühst vor Ideen und Kreativität, alles geht dir leicht von der Hand, weil du ganz in deiner Mitte stehst. Du bist das Zentrum deines Seins, das nun in Harmonie mit deinem Dreiklang von Körper, Geist und Seele steht. So bist du du selbst! Mit deiner aufmunternden Ausstrahlung bist du die Mitte für deine Mitmenschen, reiche ihnen deine Hand. – Ich reiche dir die Meinen.

☹ Du hast deine Mitte verloren und fühlst dich, von deinem Ego verführt, wie in einem „dunklen Loch". Und doch scheint um dich herum das Licht! Schau dorthin und rufe mich! Lass dich von mir zurück in die Mitte des Lichtes führen, dass du wieder dein Gleichgewicht findest und erkennst: Das „dunkle Loch" ist eine Illusion, die dir dein Ego erschaffen hat. – Finde die Mitte in dir und in deinem Herz wird wieder Klarheit entstehen.

Ausblick:

Denke stets daran: In gleichem Maße mit Himmel und Erde verbunden, stehst du in deiner Mitte. Dann stehen dein Geist, deine Seele und dein Körper stimmig im Gleichgewicht zueinander. Bist du in deiner Mitte, so bist du du selbst! Und alles ist in göttlicher Ordnung mit und in dir.

Der Engel der Nächstenliebe

sagt zu Dir:

Tageskarte:

☺ Heute hast du die Gelegenheit, deinen Nächsten zu lieben, wie dich selbst. Du und deine Mitmenschen, ihr alle seid Geschöpfe Gottes und jeder ist auf seine Art wertvoll und liebenswert. Lass deine Nächstenliebe wirken und reiche jedem deine Hand, der sie braucht. Sprich liebevoll mit deinen Mitmenschen und höre ihnen zu, damit sich dein inneres Licht mit ihrem verbindet. Die Rückwirkung auf deine liebevolle Haltung schließt den Kreis zur Nächstenliebe.

☹ Prüfe und überdenke deinen Umgang mit den Menschen, die dich umgeben. Besinne dich darauf, dass du und ihr alle Geschöpfe Gottes seid und jeder auf seine Art wertvoll und liebenswert ist. Liebe dich selbst, denn nur dann bist du zur Nächstenliebe fähig. Lerne, das innere Licht in dir zu spüren und dein Umfeld liebevoll zu betrachten. Erwarte nichts, wenn du gibst, denn dein Gegenüber bist du selbst. – Ich umarme dich und deine Welt.

Vergangenheit:

Deine Haltung deinen Mitmenschen gegenüber war von Nächstenliebe geprägt. Dein inneres Licht brachte das deines Gegenübers zum Leuchten, was wiederum deines noch mehr erhellte. Du hast den Sinn der Nächstenliebe erkannt, weil du verstanden hast, dass dein Gegenüber du selbst bist.

Gegenwart:

☺ Du bist momentan in der Lage, deinem Gegenüber die Hand zu reichen, wenn es sie braucht. Du kannst Nächstenliebe leben, weil du Nächstenliebe empfindest. Dein inneres Licht leuchtet und flackert vor freudiger Erwartung, das innere Licht deines Gegenübers zu erhellen. Reich ihm deine Hand, wenn sie gebraucht wird. Sprich liebevoll und verständnisvoll mit ihm, denn im Kern seines Seins ist er dein Spiegelbild.

☹ Verzage nicht! Ich bin für dich da! Lass dich von mir umarmen und dir meine Liebe schenken. Möge sie dein inneres Licht erhellen und deine Befähigung zur Nächstenliebe zünden. Fühle in dich hinein, spüre sie und gib sie deinem Nächsten weiter. So wird der Kreis der Nächstenliebe immer weiter genährt und auf dich zurückkommen, wenn du es einmal selbst brauchst. – Du bist in meinem Lichtstrahl!

Ausblick:

Pflege deine Nächstenliebe in Worten und Taten und lass sie niemals versiegen. Halte sie stets bereit. Sie ist der Samen zum liebvollen Miteinander unter euch Menschen. Denk stets daran: Wenn du Nächstenliebe gibst, gibst du sie dir selbst. Mit Nächstenliebe bringst du ein Stückchen Himmel auf die Erde – meinst du nicht, es lohnt sich? – Meine gebe ich dir und umarme dich und deine Welt.

Erzengel Raphael

Mein Name bedeutet: „Gott heilt!“

Fühlst du dich heute nicht wohl? Ist etwas in deinem Leben seelisch oder körperlich nicht „ganz“? – Heute steh ich dir bei, um dir Heilung angedeihen zu lassen. Als göttlicher Heiler möchte ich dich mit meiner Kraft und Heilenergie umhüllen, damit dein Heilungsprozess wächst und erblüht.

Du hast vielleicht einen seelischen Bruch erlebt, der dir deinen inneren Frieden genommen hat. Ich komme heute zu dir, um dich zu unterstützen, diesen Bruch wieder zu kitten.

Ich fördere deine körperliche und seelische Heilung, damit deine Wunden geheilt und deine Schmerzen gelindert werden. Wenn dein natürliches Gleichgewicht gestört ist, bin ich für dich da, um dir beim Ausgleich zu helfen.

Hab keine Angst, wenn dir ein Krankenhausaufenthalt bevorsteht oder eine Kur. Ich bin dein Begleiter und wache über deine Heilung und Genesung.

Sei dir heute meiner Hilfe gewiss, wenn du als Heiler tätig bist und meine Unterstützung brauchst. Gemeinsam werden wir die Heilkraft wirken lassen.

Ich stehe dir bei und sende dir meine Hilfe, wenn du dich nicht mehr „ganz" mit deiner Seele fühlst, und helfe dir, wieder in Einheit mit ihr zu kommen. Meine Aufgabe ist es, der Ganzheit und Einheit zu dienen. Ich stehe dir heute bei, wenn du deinen inneren Frieden momentan verloren hast. Es kann eine Krankheit, der Bruch einer Partnerschaft, Wunden in deiner Vergangenheit oder seelischer Schmerz sein, das dich nicht in deiner Ganzheit sein lässt. – Empfange meine heilende Energie zur Gesundung deiner seelischen und körperlichen Schmerzen.

Sei bereit und öffne dich dafür, nur so kann ich wirken. Schau auf mich und empfange meine Schwingung durch die grüne Farbe der Heilung, die dich gänzlich umhüllt. Fühle dich in mein Bild hinein, sieh dich zwischen meinen Flügel umarmt, damit sich von dir über mich bis hin zu Gott ein Bogen heilender Schwingungen ergibt. Lege deinen Kummer und deine Betrübnis ab, denn ich bin bei dir und lasse meine Kraft der Heilung in dir gedeihen, damit du dich wieder deiner Weiterentwicklung widmen kannst. – Meine Heilkraft regeneriert und erneuert in dir alles, was nicht „ganz" ist, und verhilft dir zu neuer Stärke und Gesundung. Empfange diese Kraft der Heilung, fühle die Linderung und sei umarmt!

Der Engel der Ruhe

sagt zu Dir:

Tageskarte:

☺Nimm dir heute Zeit für DICH! Zünde eine Kerze an, lege eine friedvolle Musik auf und mach es dir bequem. Schalte deine unruhigen Gedanken aus und gehe in dich. So bist du ganz du selbst. Fühle meine Umarmung, die dir dazu verhilft, dich mit der göttlichen Ruhe zu verbinden. Dies wird dich stärken und dir die Tür zu deiner göttlichen Führung öffnen. – Fühle in dich hinein, vielleicht verspürst du neue Impulse für deinen Lebensweg?

☹Beruhige dich! Ich bin bei dir, wenn du mich rufst, um dir zu helfen. Lass dich von mir in das Reich der göttlichen Ruhe geleiten, dass du wieder zu dir findest. Finde die Ruhe in dir wieder, um den Wirrungen des Lebens gestärkt entgegentreten zu können. – Öffne dich für meinen Lichtstrahl, so kann er dich umhüllen.

Vergangenheit:

Mein Lichtstrahl hat dich begleitet. So konnte ich dir innere Ruhe schenken, mit der du den Herausforderungen des Lebens sicher und gelassen entgegentreten konntest. Halte weiterhin Ausschau nach diesem Licht. – Ich bin immer für dich da, wenn du mich rufst.

Gegenwart:

☺ Du bist von meinem Lichtstrahl erfüllt und hast deine innere Ruhe gefunden. Nutze diesen Frieden in dir, um dir für jene Dinge Zeit zu nehmen, die du schon immer mal machen wolltest. Nutze den Frieden, um Zeit für dich selbst zu haben. – Genieße die Verbindung zu deinem Herzen, wo ich auf dich warte.

☹ Finde deine innere Ruhe! Geh in dir Natur, verbinde dich mit ihr und öffne dich für meinen Lichtstrahl. Bitte mich, dir zu helfen – und ich bin da! – Lass harmonische Melodien in dich strömen, schließe die Augen dabei und sieh, wie wir beide uns unter meinem Lichtstrahl treffen, um gemeinsam die göttliche Ruhe zu genießen.

Ausblick:

Wenn du mich brauchst, dann rufe mich! Ich bin jederzeit für dich da. Öffne dich für meinen Lichtstrahl, damit ich dir helfen kann, deine innere Ruhe zu finden, die dich für den weiteren Weg in deiner Lebensspur stärken soll.

Dein Schutzengel
sagt zu Dir:

Tageskarte:

☺ Heute ist ein Tag, an dem du meinen Arm um dich besonders stark wahrnimmst. Falls dir heute weiße Schmetterlinge, weiße Federn oder weiße Blumen begegnen, sind es Zeichen von mir, die dir sagen: Sei dir meines Schutzes immer gewiss!

☹ Auf mich kannst du dich immer verlassen. Ist dein Kummer im Moment auch noch so groß, wisse, ich bin bei dir. Befreie dich von deinem Kummer, schreibe mir einen Brief. Lege diesen in ein besonderes Kästchen und du wirst sehen, es wird dir besser gehen. – Jeder Kummer ist eine Prüfung, eine Aufgabe, eine Herausforderung, aus der du gestärkt herauskommst. Auch wenn du es im Moment nicht so siehst, kannst du dir dennoch sicher sein, dass dies dein spirituelles Wachstum fördert.

Vergangenheit:

Ich bin mit dir durch dick und dünn gegangen, habe dich dabei stets umarmt und geführt. – So sind wir gemeinsam durch das Licht des Tages, die Dunkelheit der Nacht gegangen und wurden dabei umrahmt von den „Glücksblumen“ des Lebens. – Ich war immer bei dir, sei dir dessen gewiss!

Gegenwart:

☺Du bist eingehüllt in meinem blauen Mantel, meine Flügel umschließen dich, die „Glücksblumen“ des Lebens umranken dich: Genieße meinen Schutz, der dich stets begleitet.

☹Du bist nicht allein: Ich bin immer bei dir! Durch mich stehst du jederzeit unter dem Schutz des Himmels. Verzage nicht! Horch hinein in die Stille deines Herzen und rufe mich! Nur dort kannst du meine Stimme hören und dir bewusst werden: Mein Schutzengel ist immer bei mir. Er geht mit mir durch dick und dünn, umarmt und führt mich.

Ausblick:

Du kannst beruhigt durchs Leben schreiten, in der Gewissheit, dass ich immer bei dir bin, dich stets unter meiner Obhut habe und mich täglich mit dir in der Stille deines Herzens treffe. – Du bist „mein Mensch“. Ich begleite und beschütze dich vom ersten bis zum letzten Tag deines jetzigen Lebens. Ich lenke und behüte dich, damit du deinen Lebensplan erfüllst. – Lass uns gemeinsam eine „Glücksblume“ des Lebens aus der Welt des Lichts pflücken und sie Gott widmen zum Dank, dass er uns beide füreinander bestimmt hat.

Der Engel des Segnens
sagt zu Dir:

Tageskarte:

☺ Möglicherweise hast du eine Entscheidung getroffen, für die du dir den Segen des Himmels erwünschst. Da bin ich nun, um dir diesen Segen zu überbringen! Fühle dich in das Bild hinein, sei du der kleine Engel, der meinen Segen durch das Licht des Himmels empfängt. Wir stehen im Strahl dieses Lichtes, es umhüllt uns und erleuchtet dein ganzes Sein. – Sei gesegnet!

☹ Auch wenn du dich im Moment in keiner guten Verfassung befindest, weil dich dein Ego in eine solche geführt hat, so sei dir dennoch gewiss: Das Licht des Himmels segnet dich auf all deinen Wegen. Öffne dich dafür und sei du selbst! Überhöre das Geflüster deines Egos und stelle dich in Gedanken unter meinem Strahl, wie der kleine Engel, damit ich dir den Segen geben kann. – Ich darf es nur, wenn du es erlaubst.

Vergangenheit:

Als göttliches Wesen standst du immer unter dem Segen des Himmels. Du konntest ihn empfangen, immer, wenn du dich dafür geöffnet hast. Ich habe dich umhüllt mit meinem Licht und deine Gedanken, Worte und Taten gesegnet, sodass du segensreich für deine Mitmenschen warst. – Meine Hand lag auf deinem Haupt.

Gegenwart:

☺ Ein Segen, dass es dich gibt! Du bist ein göttliches Wesen mit einem lichtvollen Herzen. – Ein Gewinn für deine Mitmenschen! Du hast die Gabe, durch dein inneres Licht ihre Seele für den Segen des Himmels zu öffnen. Segne auch du deine Mitmenschen im Alltag, wenn du sie traurig, verkniffen oder verbittert antriffst (z. B. in der U-Bahn) Tu es in Gedanken und hilf mir auf diese Weise, Gottes Segen auf Erden zu verwirklichen. – Ich danke dir!

☹ So düster es in dir auch aussehen mag, sei dir dennoch gewiss, dass das Licht des Himmels dich segnet. Horch in dich hinein! Hör nicht auf das Geplapper deines Egos, das dich ins „Jammertal" gelockt hat. Hör vielmehr auf die Stimme deiner Seele, die dir den Weg aus dieser Phase zeigen wird. – Spür meine Hand auf deinem Haupt und lass dich durch mich vom Licht des Himmels segnen.

Ausblick:

Denke stets daran, dass dich der Segen des Himmels auf all deinen Wegen begleitet. Wo auch immer du gerade bist, in welcher Situation auf deinem Lebensweg auch immer du dich befindest, ich werde den göttlichen Segen allzeit für dich bereithalten, wenn du mich rufst und darum bittest.

Der Engel der Selbsterkenntnis

sagt zu Dir:

Tageskarte:

☺ Deine erste Erkenntnis sollte lauten: Ich bin ein göttliches Wesen und kann alles erreichen, was ich will, wenn es dem Wohl des Universums dient. Deine Seele weiß, wer du bist. Suche in dir und du wirst deine Berufungen und Fähigkeiten finden, die dein ICH-BIN ausmachen. Dann erkennst du, wer du wirklich bist und kannst deinem wahren Selbst immer näherkommen. – Mein Licht der Selbsterkenntnis leuchtet für dich und flackert auf, wenn du wieder ein Stück näher an dein wahres Selbst herangekommen bist!

☹ Suche in dir, so kannst du dich erkennen und lieben lernen. In dir leuchtet das göttliche Licht, das dich zu ungeahnten Fähigkeiten führt. Schiebe den Schleier der „Täuschung" beiseite, der dir von deinem Ego übergestülpt wurde! Erkenne, wer du bist! Geh in dich und erspüre deine Berufungen und Talente. Sie sind da und warten darauf, von dir gezündet zu werden. – Ich breite meine Flügel weit aus, um dich im Licht der Selbsterkenntnis zu empfangen!

Vergangenheit:

Du bist auf dem Weg der Selbsterkenntnis schon gut vorangekommen und hast deine Fähigkeiten und Talente erkannt. Aber bist du ihnen auch gefolgt? Nur dann kannst du deinem wahren Selbst näherkommen. Hast du gelernt, dich zu lieben? – Dann hast du dich gefunden und mich auch!

Gegenwart:

☺ Deine jetzige Lebensphase bringt dich wieder ein Schritt näher zu deinem wahren Selbst. Suche in dir, so kannst du dich erkennen und lieben lernen. Nur du allein und deine Seele wissen, welche Aufgabe du auf Erden hast. Geh in dich und verbinde dich mit meinem Licht der Selbsterkenntnis, damit es aufleuchtet und dir ein weiteres Zeichen zu deiner Berufung und deinen Talenten gibt. – Meine Flügel stehen weit offen, um dich zu empfangen.

☹ Möglicherweise bist du von deiner Aufgabe abgewichen, die du auf Erden hast? Erkenne deine eigene, unübertragbare Besonderheit, die nur du allein in dir trägst. Geh in dich und suche nach deiner Berufung und deinen Talenten. Dann wirst du deinem wahren Selbst näherkommen und mein Licht der Selbsterkenntnis zum Leuchten bringen. – Mit weit ausgebreiteten Flügeln erwarte ich dich, um dich zu empfangen und dir zu helfen, wenn du mich bittest.

Ausblick:

Du hast eine eigene Aufgabe auf Erden, die du in deinem wahren Selbst findest. Geh deiner Berufung und deinen Talenten nach, die eigens dir gegeben sind, und erkenne dabei, wer du wirklich bist. Liebe dich so, wie du bist, dann werden dein inneres Licht und mein Licht der Selbsterkenntnis in einem gemeinsamen Feuerwerk aufleuchten. – Ich freue mich darauf! Du dich auch?

Der Engel der Tapferkeit

sagt zu Dir:

Tageskarte:

☺ Geh tapfer deinen Weg! In dir ist die göttliche Kraft, dich den Dingen des Lebens zu stellen, ohne dabei etwas befürchten zu müssen. Was auch immer dich erwartet, du schaffst es! Die lichte Hierarchie steht dir bei, so, wie auch ich. Sag stets klar und deutlich die Wahrheit, es ist immer der bessere Weg. – Mit meinen offenen Flügeln stehe ich hinter dir und verstärke deinen Mut.

☹ Trau dir ruhig mehr zu! Lass dich nicht beirren. Höre nicht auf die anderen, sondern steh zu deiner eigenen Meinung und sage die Wahrheit. Andernfalls könntest du zum Spielball werden und dich dabei in eine missliche Lage bringen. Dir steht es zu, tapfer für deine Ziele und Aufgaben zu kämpfen, sofern sie dem Wohl des Universums dienen. – Ich stehe dir bei!

Vergangenheit:

Tapfer hast du die vergangenen Krisen überstanden und sie haben dich reifen lassen. Du bist dir dadurch deiner göttlichen inneren Kraft bewusst geworden. Sie schenkt dir Rückgrat und Entschlossenheit, um tapfer deinen Weg nach vorn zu gehen. – Weiter so!

Gegenwart:

☺ Du bist so tapfer! Du gehst stets den Weg der Wahrheit und stehst zu deiner eigenen Meinung. Dies schenkt dir die Achtung und Anerkennung deiner Mitmenschen. Auch wenn es nicht immer einfach ist, so selbstbewusst und sicher aufzutreten, gehst du tapfer diesen Weg. – Tu es weiterhin, ich stehe dir bei!

☹ Die Herausforderungen des Lebens belasten dich zuweilen sehr. Es gelingt dir nicht immer, ihnen tapfer die Stirn zu bieten. Du fühlst dich angegriffen und von anderen gesteuert. Lass dich nicht von deinem Ego kleinmachen, sondern werde dir deiner inneren göttlichen Kraft bewusst. Sie trägt deinen Mut und deine Tapferkeit in sich, die dich befähigt, Rückgrat zu zeigen. Sei tapfer! Sage klar und deutlich die Wahrheit und du wirst dir Respekt und Anerkennung verschaffen. – Mein Strahl der Tapferkeit begleitet dich!

Ausblick:

Was auch immer auf dich zu kommen mag, sag klar und deutlich die Wahrheit und gehe tapfer deinen Weg. Lass dich nicht von anderen steuern, sondern stehe zu dir selbst. Sei nicht unvorsichtig, aber habe den Mut, Grenzen zu setzen und Rückgrat zu zeigen. So wirst du Achtung und Anerkennung ernten.

Der Engel des Teilens
sagt zu Dir:

Tageskarte:

☺Lass Deine Hand in meine gleiten und teile mit mir die Freude des Daseins in der Unendlichkeit des Universums. Das Teilen gehört zu deinem Leben, denn du teilst es mit allen Lebewesen auf Erden. Du teilst Freud und Leid, Raum und Zeit mit anderen und erfährst so deine eigene Lebendigkeit. Teile heute deine Zeit mit einem lieben Menschen, der vielleicht deine Hilfe braucht. Nimm Anteil an seinem Kummer und lass deine Hand in seine gleiten. – Ich lege meine Hand dazu.

☹ Kann es sein, dass du dich etwas abgesondert hast? Deine Gedanken nicht im Austausch mit anderen lebendig werden lässt? Teile dich mit und teile dein Leben, deine Zeit mit anderen Menschen. Nur im Austausch mit deinen Mitmenschen können dich neue Ideen und Impulse erreichen, die dir wieder Lebendigkeit schenken werden. – Komm, ich nehme dich an der Hand und führe dich hinaus ins Leben!

Vergangenheit:

Du hast Freud und Leid mit deinen Mitmenschen geteilt und dich im Austausch mit ihnen lebendig gehalten. Das Teilen bereichert dein Leben, denn es schenkt dir neue Ideen und gibt dir neue Impulse, um deine Aufgabe auf Erden zu erfüllen. Auch Gott teilt sich dir mit, wenn du in die Natur blickst und in dein Herz hineinhörst.

Gegenwart:

☺ Deine Lebendigkeit wird getragen von deiner Lust und Freude, dein Leben mit anderen zu teilen. Nimm Anteil, tausche dich aus und teile deine Liebe mit allen Lebewesen, dann bist du ein wahrer, lebendiger Teil des Universums. Es ist euch gegeben miteinander zu leben und zu teilen, um euch gegenseitig am Wachsen eures Selbst zu helfen und zu fördern. – Ich nehme dich an meine Hand und mach mit!

☹ Wach auf! Es ist nicht nötig, dass du deinen Kummer und deine Probleme für dich allein durchforstest und dich dabei im Kreis drehst. Teile dich mit! Das Teilen mit anderen enthält den Austausch von Lebendigkeit. Du bist ein Teil des Universums und kannst Freud und Leid sowie Raum und Zeit mit deinen Mitmenschen teilen. Beherzige dies und lass dich durch andere mit neuen Ideen und Impulsen wiederbeleben. – Reiche mir deine Hand, damit ich dich wieder hinaus ins Leben führen kann!

Ausblick:

Das Leben miteinander zu teilen, in Freud und Leid, in Raum und Zeit ist euch allen gegeben. Im Teilen, Austausch und gegenseitigen Geben und Nehmen, liegt die Lebendigkeit deines Seins. Selbst Gott teilt das Universum mit dir, um auch dich an seiner Göttlichkeit teilhaben zu lassen. Sei stets bereit, dich mitzuteilen und mit anderen zu teilen. Die Rückwirkung wird dein Leben und dein Herz bereichern.

Der Engel der Toleranz

sagt zu Dir:

Tageskarte:

☺ Nutze deine heutige positive Schwingung, um deinen Mitmenschen mit Toleranz und Geduld zu begegnen. Schenk ihnen deine Aufmerksamkeit, sei nachsichtig und verständnisvoll gegenüber ihrem Tun; ihr Dank ist dir gewiss und meiner auch.

☹ Sei vorsichtig! Lass dich von deiner Stimmung nicht zu unpassender Kritik verleiten. Du und deine Mitmenschen, ihr seid, jeder für sich, einzigartige Wesen, daher werte nicht das Tun und Denken jener, die dich umgeben. Du kennst deren Lebensplan nicht und weißt nicht, ob genau dieses Anderssein sie in ihrer Weiterentwicklung voranbringt. Steh ihnen mit Rat und Tat zur Seite, reiche ihnen deine Hand und lass deine Toleranz walten, denn vielleicht siehst du gerade in dein Spiegelbild.

Vergangenheit:

Du hast Toleranz walten lassen. Gratulation! Du hast die Einzigartigkeit deiner Mitmenschen anerkannt und bist ihnen mit Großzügigkeit und Duldsamkeit begegnet. Das dürfte dir Dankbarkeit und vielleicht auch neue Freunde eingebracht haben. – Ich danke dir für deine „Mitarbeit“.

Gegenwart:

☺ Du hast es erkannt: Alles hat einen Sinn! Auch das Anderssein deiner Mitmenschen. Du weißt, dass es zu deren Weiterentwicklung gehören könnte, und gibst ihnen durch deine Großzügigkeit und Liberalität die Chance, aus eigener Einsicht heraus Fortschritte zu machen. Stehst ihnen mit Rat und Tat zur Seite, reichst ihnen deine Hand und spürst dadurch die Wärme deines inneren Lichtes.

☹ Kann es sein, dass du derzeit zu viel am Anderssein deiner Mitmenschen kritisierst? Überpüfe dein eigenes Sein und übe die Gabe der Toleranz. Das würde dich selbst voranbringen. – Gern begleite ich dich dabei!

Ausblick:

Es könnten in der nächsten Zeit Situationen auf dich zukommen, in denen du deinen Toleranzpegel überprüfen kannst. Versuche, diese Aufgabe mit meiner Hilfe zu meistern. Du wirst so oft vor Situationen gestellt werden, die deine Toleranz herausfordern, bis du darin Fortschritte gemacht hast. Lerne, nicht vorschnell zu werten. Ihr alle seid auf Erden, um Erkenntnisse und Erfahrungen zu machen. – Toleranz zu üben gehört dazu. Nutze diese Chance!

Der Engel des Universums
sagt zu Dir:

Tageskarte:

☺ Achte auf die Zeichen, die ich dir heute sende. Sie besagen: Du kannst alles, wenn du es wirklich willst. Der Dreiklang von Körper, Geist und Seele in dir trägt die allumfassende Schöpferkraft des von Gott erschaffenen Universums. Schau mich an! Ich schwebe mitten im Licht der Schöpferkraft und leite sie über meine Hände zu dir. Nimm sie auf, um deine Aufgaben und Fähigkeiten zu erkennen. – Belebe und nutze sie zur gesunden Entfaltung des Universums in dir.

☹ Hadere nicht mit dir! Das Universum ist in dir und um dich herum. Es bietet dir alle Chancen, deine Aufgaben und dein Weg wiederzufinden. Sei wachsam und achte auf meine Signale. Entdecke deine Fähigkeiten, die dir gegeben wurden. Öffne dich für meinen Lichtstrahl, den ich dir über meine Hände weiterleite. Möge dadurch die in dir schlummernde Schöpferkraft wiedererwachen und dich befähigen, zu erkennen: Du kannst alles, wenn du es wirklich willst.

Vergangenheit:

Du warst dir der Bedeutung des in dir und um dich herum existierenden Universums bewusst. Du hast seine Schöpferkraft, die auch dich gestalterisch erhellt, anzuwenden gewusst und warst somit mit meinem Strahl verbunden. – So konnten deine Ideen erstrahlen.

Gegenwart:

☺ Es ist Zeit, deine Ideen und Gaben zum Erfolg zu bringen. Es steht dir zu. Du bist mit der Schöpferkraft des Universums verbunden und von meinem Lichtstrahl umhüllt. Glaube an dich! Du bist ein göttliches Wesen und kannst alles, wenn du es wirklich willst. – Erfreue dich an deiner Kreativität und nutze sie zum gesunden Gedeihen des Universums in dir.

☹ In dir schlummern Talente und Fähigkeiten, die du dir von deinem Ego abwerten oder bemängeln lässt. Geh in dich und erkenne, dass in dir die Schöpferkraft des Universums atmet. Deine Seele weiß es – und ich auch. Ich sende dir mein Lichtstrahl, damit er dich erhellt und deine Gaben und Talente zum Leuchten bringt. – Komm in meine Arme!

Ausblick:

Geh über deine Grenzen hinaus, das Universum ist überall. Auch in dir. Es befähigt dich, alles zu erreichen, was du wirklich willst. Und wenn du mich bittest, sende ich dir meinen Lichtstrahl der universellen Schöpferkraft, damit deine Talente und Fähigkeiten erstrahlen und dir zum Erfolg verhelfen.

Erzengel Uriel

Mein Name bedeutet: „Feuer Gottes“ oder „Gott ist mein Licht“

Mit meiner Energie kannst du heute Klarheit und Ordnung in deine momentane Situation bringen. Ich helfe dir, Ideen zu finden oder Gedanken umzusetzen, die schon lange in dir wohnen. Ein Geistesblitz könnte dich ereilen, den ich dir als Funken sende, damit sich aus der Inspiration die Umsetzung in die Tat realisiert.

Ich löse deine momentane Starre, damit in deinem Leben wieder Kraft und Ausdauer fließen. Meine Flamme erhellt dein Selbstvertrauen und sendet dir den nötigen Impuls, damit du dein Geistesreichtum mutig und selbstbewusst nutzen und umsetzen kannst.

Sei dir bewusst, dass du als göttliches Wesen alles kreieren kannst, was du wirklich erreichen willst. – Ich begleite dich, um Raum für Neues zu erschaffen.

Achte auf meine Signale, die sich dir zeigen, wenn du deine Sinne für sie öffnest. Rufe mich und meine aufbauende und kraftvolle Energie wird dir dazu verhelfen, deine Einfälle und Ideen umzusetzen. – Nur Mut! Ich stehe dir bei und verhelfe dir zur nötigen Tatkraft.

Wenn sie dir heute für ein privates oder berufliches Vorhaben fehlt, so wisse, dass ich dir jetzt verstärkt beistehe. Ich fülle dich mit meiner Energie und schenke dir die nötige „Flamme“, damit dein Vorankommen und dein Eifer wieder in dir lodern mögen. Als Auswirkung wirst du Lebensfreude und Begeisterung erleben. Starre ist Stille und Stille birgt kein Vorankommen. Daher möchte ich heute deine Schöpferkraft, die begierig in dir lodert, mit Tatendrang unterstützen. – Lass mein Bild auf dich wirken und fühle die Mächtigkeit meiner Energie! So kann ich dir helfen, deinen momentan noch „schlafenden“ Schwung wachzurütteln.

Gib deinen Ideen, deiner Kreativität und deinen Gaben freien Lauf! Spüre den Schwung in dir, der sich nach Tatkraft und Umsetzung sehnt, damit jegliche Trägheit in dir zerbröckelt. Lass deine Schöpferkraft sich voll entfalten und genieße das Feuerwerk deiner Fähigkeiten!

Meine Aufgabe ist es, den Weg für Neues zu ebnen. So empfange heute meinen Funken, der dir Intuition und Erkenntnisse schenkt und sich dir als lebendiges Glühen zu neuen Taten offenbaren wird. – Wenn du es zulässt.

Mögen sich dir gute Chancen für ein erfolgreiches Gedeihen deiner Gaben und Fähigkeiten eröffnen, damit dein Leben von einem grandiosen Aufschwung gekrönt wird. – Heute ist ein guter Tag, um damit zu beginnen. – Hab Vertrauen zu dir!

Der Engel der Vergebung

Sagt zu dir:

Tageskarte:

☺ Du hast dich, durch deine Vergebung, von einer Last befreit. Vielleicht hattest du eine Zwistigkeit mit einem Menschen oder mit dir selbst. Durch deine Vergebung, die dein Mitgefühl ausdrückt, kannst du die Liebe wieder fließen lassen. Wohlig ist es nun in deinem Herzen, denn die Belastung der dunklen Wolken zwischen dir und dem, der dich verletzt hat, hat sich aufgelöst. Es war eine göttliche Tat von dir, sodass du den heutigen Tag befreit und entspannt wieder genießen kannst. – Ich umarme und segne dich!

☹ Dich bedrückt eine seelische Verletzung, die dir jemand angetan hat? Du kannst nicht verletzt werden, es sei denn, du lässt es zu. Befreie dich von den dunklen Wolken, die zwischen euch liegen, und vergib! Auch wenn es dir schwerfällt, weil dein Ego daran festhält. Dein Herz weiß es besser. In deinem Herzen fließt Liebe, lass dich von ihr führen und vollbringe die göttliche Tat: vergib! So wirst du dein Mitgefühl sprechen lassen und kannst dich auf die Versöhnung freuen. Entdecke in dir die Gabe der Vergebung und du wirst befreit diesen neuen Tag genießen können! – Lass dich von mir in den Arm nehmen und segnen.

Vergangenheit:

Du hast Vielen, vielleicht auch dir selbst, oft verziehen. Dies geschah durch dein Mitgefühl und deine Liebe. Mache dich weiterhin von deinem Unmut gegenüber anderen oder dir selbst frei, denn nur so kann Liebe in deinem Herzen fließen. – Sei sogar dankbar für Situationen, die Unmut in dir erzeugten, denn sie dienten dir zum Wachstum deiner Seele.

Gegenwart:

☺ Verzeihen bedeutet, mit dem Herzen zu umarmen. Schau auf mich und du siehst dich, wie du es getan hast. Sei es einem anderen oder dir selbst gegenüber. Welch befreiendes Gefühl herrscht jetzt in dir, weil du diese göttliche Tat der Liebe vollbracht hast! Freue dich darüber, denn du hast dein Ego überlistet und dein Herz sprechen lassen. – Weiter so! Ich umarme und segne dich.

☹ Du trägst Verletzungen in dir, bist deswegen vielleicht von Bitternis und Wut erfüllt. Keine angenehmen Gefühle. Ich verstehe das. Wie wäre es, wenn du mich, wie auf meinem Bild, nachahmen würdest: Umarme denjenigen mit dem Herzen, dem du grollst – oder umarme dich selbst. Überwinde dein Ego, das dich darauf beharren lässt, und lass die Liebe in deinem Herzen sprechen. – Rufe mich, wenn es dir schwer fällt, zu verzeihen. Ich helfe dir und umarme dich!

Ausblick:

Vergeben, erfordert zuweilen eine große Kraft der Überwindung und eine große Tat der Liebe. Du wirst noch viele Situationen erleben, die diese Kraft von dir fordern. Denke stets daran: Wenn du jemandem vergibst, vergibst du auch dir selbst. Lass den anderen so sein, wie er ist, und gräme dich nicht darüber. Erkenne die Chance für dich, in dieser Situation deine Seele zu entwickeln. Alles hat einen Sinn und könnte deine eigene Spiegelung sein. – Ich unterstütze dich bei deiner Tat der Vergebung und umarme dich.

Der Engel des Verzichts

sagt zu Dir:

Tageskarte:

☺ Heute kannst du dir etwas gönnen und es freudig genießen! – Du hast zu verzichten gewusst und dabei das Glück im Gesicht des anderen als dein eigenes Glück empfunden. Das bezeugt dein weit geöffnetes Herz und deine spirituelle Haltung. Mit dieser Haltung erlangst du innere Freiheit und Unabhängigkeit. – Aber verzichte nie auf die Liebe in dir, denn du bist Liebe.

☹ Befreie dich, einem Feuerwerk gleich, von Gier und Verlangen! Lerne, auf etwas warten zu können und es dann wirklich zu genießen. Lass dich nicht von deinen Bedürfnissen lenken, damit du innerlich wieder frei und unabhängig sein kannst. Dein Verzicht wird dich zu gegebener Zeit belohnen und dich zur Erkenntnis führen, dass Verzicht innere Freiheit bedeutet. – Lass uns gemeinsam das Feuerwerk genießen.

Vergangenheit:

Du hast auf Vieles zu verzichten gewusst, sei es zum Wohle anderer oder im einsichtigen Umgang mit deinen eigenen Bedürfnissen. Diese Haltung hat dich mit innerer Freiheit belohnt und deine Fähigkeit zu genießen verstärkt. – Dennoch solltest du dir ab und zu etwas gönnen!

Gegenwart:

☺ Es steht dir zu, dir auch selbst mal etwas zu gönnen. Du hast ein weit geöffnetes Herz gezeigt und durch deinen Verzicht anderen Menschen Glück geschenkt. Jetzt ist es an der Zeit, die Rückwirkung auf deinen Verzicht zu empfangen. Es sei dir gegönnt! Lass dich in deiner Haltung zur Bereitschaft auf Verzicht nicht beirren, sie ist eine spirituelle Gabe und bringt dein inneres Licht zum Leuchten. – Einem Feuerwerk gleich.

☹ Es fällt dir wohl schwer, auf etwas zu verzichten. Glaubst du wirklich, du müsstest deinen Bedürfnissen unbedingt nachgeben, dich von ihnen abhängig machen oder deine Ansprüche unerbittlich einfordern? Geh in dich und frag deine Seele, ob sie das alles wirklich benötigt. Ob es nicht eher dein aufgeplustertes Ego ist, das dich zum Festhalten und möglicherweise sogar zur Sucht treibt. – Glaube mir, du kannst auf Vieles davon verzichten, nur auf die Liebe in dir nicht, denn du bist Liebe. Glaube es! – Finde deine innere Freiheit wieder!

Ausblick:

Geh stets den Weg deines Herzens. Hör auf dein Herz, denn es wird dir signalisieren, wann es angebracht ist, auch mal zu verzichten. Sei es auf deine eigenen Bedürfnisse oder auf Ansprüche, die du an jemand hast. Zu verzichten weitet dein Herz und macht dich innerlich frei. – Übe dich im Verzicht, aber verzichte nie auf die Liebe in dir, denn du bist Liebe. Sie ist es, die dich das Verzichten lehrt.

Der Engel der Wachsamkeit
sagt zu Dir:

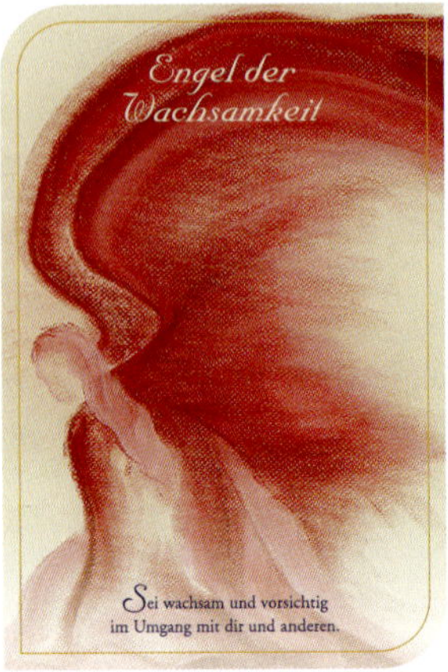

Tageskarte:

☺ Sei wachsam! Wunderschöne Dinge könnten dir heute begegnen und du übersiehst sie sonst vielleicht. Schau dich um! Betrachte mit Aufmerksamkeit deine Umgebung und die Menschen um dich herum. Vielleicht begegnest du heute einem Menschen, der mit dir seelisch verwandt ist, einem Kind, das dich engelhaft anlächelt, einem Tier, das dir Freude und Liebe entgegenbringt. – Genieße es, die Welt und das Leben um dich herum mit Wachsamkeit zu betrachten. – Vielleicht entdeckst du auch mich dabei!

☹ Beachte deine Gedanken, Worte und Taten. Widme ihnen mehr Aufmerksamkeit. Bedenke, dass Gedanken eine Energie sind, deren Richtung du nicht beeinflussen kannst und dass sie eine Auswirkung haben können, die auf dich selbst zurückfällt. – Daher sei wachsam und vorsichtig im Umgang mit dir selbst und anderen.

Vergangenheit:

Bist du wachen Auges durchs Leben gegangen? Warst wachsam in deinen Gedanken, Worten und Taten? Dann hast du ganz sicher eine weitere Stufe deines spirituellen Bewusstseins erstiegen und bist deinem wahren Selbst nähergekommen. – Ich umarme dich.

Gegenwart:

☺ Ich lege dir ans Herz, aufmerksam und wachsam in deinen Gedanken, Worten und Taten zu sein. Du bist jetzt in der Lage die für dich wichtigen Elemente zu erkennen, die dich in deinem spirituellen Wachstum weiterbringen. Ich begleite und unterstütze dich dabei. – Sei wachsam!

☹ Von deinem Ego verdunkelt, solltest du jetzt besonders achtsam mit deinen Gedanken umgehen. Deren Energie könnte als negatives Echo zu dir zurückkehren. Rufe mich, um dir zu helfen, deine Wachsamkeit wieder auf das Licht am Horizont zu lenken. – Denn es ist immer da! Auch für dich!

Ausblick:

Blicke wachsam nach vorn, das Licht am Horizont ist so nah. Du musst deine Wachsamkeit aufrechterhalten, um weiterhin die Energie deiner Gedanken auf das Ziel deiner Interessen zu richten. – Blicke wachsam um dich, du könntest neue Impulse für dich entdecken.

Erzengel Zadkiel

Mein Name bedeutet: „Wohlwollen Gottes“

Falls dich heute etwas bedrückt, weil du glaubst, Schuld auf dich geladen zu haben, so sage ich dir: Vergib dir selbst, um dich wieder frei zu fühlen. Ich stehe dir zur Seite, um bestimmte Denkweisen deines „Ichs“ zu tolerieren, sie anzunehmen und zu achten, wenn sie von deinem Herzen gesteuert sind. Dein Herz sagt dir die Wahrheit, ihm kannst du vertrauen.

Mein Lichtstrahl verhilft dir zur Umwandlung deiner negativen Gefühle, wie Groll, Wut oder sogar Hass gegenüber anderen, in positive Energie. Schau genau hin, warum diese Gefühle entstanden sind und was sie dir sagen wollen, denn sie sind eine Spiegelung deiner innersten Wahrheit. Vergib den anderen und du vergibst dir selbst.

Lerne, toleranter zu werden und zu akzeptieren, dass jedes einzelne Wesen in deinem Umfeld, genau wie du, seinem eigenen Lebensplan folgt, den es zu achten gilt. Diese Erkenntnis könnte dich zu einem neuen Anfang führen, zu einer Versöhnung mit anderen und somit mit dir selbst. Ruhe und Frieden würden sich in deinem Herzen einstellen und du könntest wieder freier atmen.

Vergebung ist heilsam. Sie öffnet dir neue Wege. Jeder Mensch in deinem Umfeld hat seine Schattenseiten, aber es gilt nicht, diese zu verdammen, sondern sie – wenn sie dich stören – genauer zu betrachten und dich zu fragen: Wieso treffen sie mich? Schon in dem Moment, in dem du dich dieses fragst, beginnt die Umwandlung in positive Energie. Du wirst entdecken, dass das, was dich stört, etwas ist, was du selbst in dir trägst, aber negierst.

Befreie dich von deiner eigenen Schuld, sei mutig und vergib dir! Gott wird dir nicht vergeben, weil er dich nicht richtet. Er liebt dich immer und auch alle Wesen um dich herum. Ich komme heute zu dir, um dir diese Gnade Gottes zu schenken. Nutze sie in einem Dankgefühl und zeige dich ihrer würdig.

Sei auch du gnädig und wohlwollend und du wirst im Zusammenleben mit deinen Mitmenschen Wunder erleben. Blicke sie mit den Augen der Liebe an und du wirst Liebe ernten.

Reinige dich von dunklen Gefühlen! Ich weise dir den Weg, denn ich verbinde dich mit der göttlichen Gerechtigkeit. Gereinigt wirst du wachsen, dich entfalten, dich immer weiter vervollkommnen und dich deinem göttlichen Lebensplan mehr und mehr nähern.

Ich komme heute zu dir, um dich dabei zu unterstützen. Achte auf deine Gedanken, sei wachsam und überprüfe sie mit deinem Herzen, dann bist du auf dem richtigen Weg. Übe dich in Toleranz, Gnade und Vergebung und dein Leben wird freier, lebendiger und selbstständiger sein. – Sei umarmt und von meinem Lichtstrahl umhüllt, damit der Funke zur Vergebung in dir leuchte!

Der Engel der Zuverlässigkeit

sagt zu Dir:

Tageskarte:

☺ Für deine Mitmenschen bist du, sowohl im beruflichen als auch im privaten Bereich, eine Wohltat, weil man sich auf dich wirklich verlassen kann. Zuverlässigkeit ist eine Tugend, die du beherrscht und mit der du dir Anerkennung verschaffst. Dir kann man vertrauen, dein Wort gilt. So erleichterst du dir selbst und den anderen das Leben. Deine Zuverlässigkeit könnte heute zu einem Geschenk für dich werden. – Ich freue mich für dich!

☹ Möglicherweise hat dich deine Unzuverlässigkeit in deine jetzige Situation gebracht. Du hast Kummer im privaten oder beruflichen Bereich? Dann prüfe dich selbst: Bist du jemand, auf den man sich verlassen kann? Gilt dein Wort? Gibst du dein Bestes? Denk darüber nach und versuche, die Tugend der Zuverlässigkeit zu lernen. Ich bin gern an deiner Seite, um dir dabei zu helfen. – Wenn du mich rufst, bin ich für dich da!

Vergangenheit:

Deine Zuverlässigkeit ist dir stets zugutegekommen, weil man sich auf dich verlassen kann und dein Wort Gültigkeit hat. So bist du dir selbst und deinen Mitmenschen, sowohl im beruflichen als auch privaten Bereich, eine Wohltat. – Pflege diese Tugend weiterhin, denn sie wird dir stets viele Türen öffnen.

Gegenwart:

☺ Es ist an der Zeit, dass dir deine Zuverlässigkeit zugutekommt. Im beruflichen und privaten Bereich weiß man, dass auf dich Verlass ist und dein Wort gilt. Dies trägt dazu bei, dass man dir beruflich mehr zutraut und dir dabei voll vertraut. Im Freundeskreis bist du gern gesehen und willkommen, denn du schenkst Sicherheit und Geborgenheit. Genieße, dass du die Tugend der Zuverlässigkeit beherrschst, denn sie ist ein Geschenk für dich und andere.

☹ Ärgerst du dich, wenn du dich bei bestimmten Menschen verlassen fühlst, weil du dich auf sie verlassen hast? Wenn du auf jemand warten musst? Wenn jemand sein Wort nicht hält? Keine schöne Haltung, nicht wahr? Frag dich mal, ob es nicht an dir selbst liegen könnte? Ob dies die Rückwirkung auf deine eigene Unzuverlässigkeit ist? Ob dieses Thema auf dich zukommt, weil du die Tugend der Zuverlässigkeit noch lernen musst? – Verzage nicht! Du kannst es lernen. Rufe mich und ich werde dir helfen.

Ausblick:

Versuche, stets zuverlässig zu sein. Beruflich und privat wird es dir nur zugutekommen und dir die guten Wege öffnen, dir neue Freundschaften schenken und dich beruflich nach vorne bringen. Es ist eine Wohltat, sich auf Mitmenschen verlassen zu können, zu wissen, dass ihr Wort gilt und man ihnen vertrauen kann. – Sei du einer von ihnen!

Der Engel der Zuversicht

sagt zu Dir:

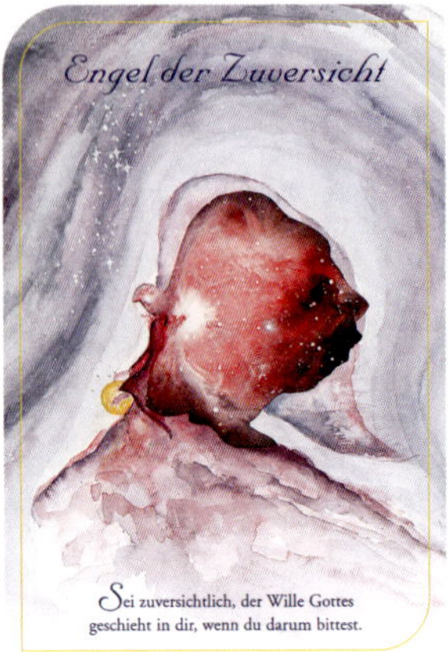

Tageskarte:

☺ Alles ist für dich in göttlicher Ordnung. Glaube an das Gute und sei auch gut zu dir. So wird dein inneres Licht leuchten und du wirst deine Ziele voller Zuversicht ergreifen können.

☹ Auch wenn im Moment die Zuversicht für dich nicht greifbar ist, möchte ich dir dennoch meine Hand reichen und dir dazu verhelfen, dich wiederzufinden. Lass den Kopf nicht hängen, denn über dir leuchtet immer das göttliche Licht. Schau hinauf! Und sei zuversichtlich: Der Wille Gottes geschieht in dir, wenn du darum bittest.

Vergangenheit:

Du hast mir vertraut und meinen „Lichtball" der Zuversicht aufgefangen. So konnte die Zuversicht in dir entflammen und dir die Wege öffnen, die für dich bereitstanden.

Gegenwart:

☺ Ich bin an deiner Seite! Deine Zuversicht stärkt dich und gibt dir die Kraft, deine Ziele zu erreichen. Glaube an dich! Du bist ein göttliches Wesen, das alles erreichen kann! Lass in deiner Zuversicht nicht nach.

☹ Der Lichtball in meinen Händen ist bereit, zu dir zu rollen. Er trägt die Zuversicht in sich, die dir im Moment abhandengekommen ist. – Sei zuversichtlich, auch diese Phase geht vorbei. Fang den Lichtball vertrauensvoll auf und du wirst sehen, wie sich die dunklen Wolken über deiner momentanen Situation auflösen werden. – Ich bin bei dir!

Ausblick:

Bleibe zuversichtlich und glaube an dich! Halte an deinen Wünschen und Träumen fest. Bitte mich um Hilfe und ich werde dir meinen Lichtball zuwerfen, dass die Zuversicht darin für dich entflammt und du in diesem Licht den richtigen Weg sehen mögest.

Der Engel der Zuwendung

sagt zu Dir:

Tageskarte:

☺ Schenke heute all jenen deine Zuwendung, die sie brauchen. Zeige dich ihnen gegenüber warmherzig und gütig. Sei durch dein freundliches Lächeln Balsam für ihre Seelen. Wende dich ihnen zu, unterstütze sie, sprich ihnen Mut zu. Sei du ihnen ein Engel der Zuwendung auf Erden, sie werden es dir danken. – Ich schenke dir mein Lächeln.

☹ Sei nicht so streng zu dir selbst und schenke dir mehr Zuwendung. Kümmere dich um deinen Körper und deine Seele. Die Zuwendung ist eine Schwester der Liebe. Sie schenkt Trost, macht Mut, gibt Unterstützung. – Dieses Geschenk sende ich dir von Herzen, öffne es und fühle dich wohl.

Vergangenheit:

Mit deiner Zuwendung hast du vielen deiner Mitmenschen Trost, Mut und Unterstützung geschenkt. Du warst ihnen ein Lichtstrahl in ihrem Kummer und hast ihnen durch deine Haltung etwas von der göttlichen Liebe übermittelt. – Ich danke dir für deine Mitarbeit und lächle dir zu.

Gegenwart:

☺ In deinem Herzen trägst du viel Wärme und Herzlichkeit. Gib sie als Zuwendung an deine Mitmenschen weiter und du wirst ihre göttliche innere Flamme zum Leuchten bringen. Sie werden es dir danken und es wird dich zum Engel der Zuwendung für sie auf Erden machen. Denke stets daran: Liebe und Zuwendung sind wie Geschwister, sie gehören zur höchsten Gabe, die du schenken kannst. – Meine Zuwendung gehört dir.

☹ Du hast Zuwendung nötig. Daher komme ich zu dir. Lass dich von meinen Flügeln umarmen und dir die Wärme meines Herzens schenken. Sei gut zu dir selbst und gönne dir etwas, das dein Herz erwärmt. Schenk dir selbst ein Lächeln und mach dir bewusst, dass du ein göttliches Wesen bist, dem Gottes Zuwendung sicher ist. – Ich umarme dich.

Ausblick:

Vergiss niemals deine Zuwendung denjenigen zu reichen, die sie brauchen. Zeige sie durch dein Lächeln, durch eine verständnisvolle Hilfe oder ein liebevolles Auflegen deiner Hand auf die deines Gegenübers. Allein diese Geste kann dessen göttliche innere Flamme aufleuchten lassen und dir als Rückwirkung Licht in dein Leben bringen. Denke stets daran: Liebe und Zuwendung sind wie Geschwister, sie gehören zur höchsten Gabe, die du schenken kannst. – Lass dich umarmen!

Einträge aus meinem Gästebuch
in www.engelhaftes.de

... als ich 1997 den ersten Engel vor meinen Augen sah, daraus meine Engelserie entstehen ließ und meine Aufgabe begriff, die Engel zu den Menschen zu bringen, ahnte ich nicht, welche Reaktion meine Engel hervorrufen würden. Um einen kleinen Einblick von dieser Reaktion zu bekommen, stelle ich hier ein paar der Eintragungen vor, die mich besonders berührt haben:

Ich hatte schon als Kind viel Kontakt zu Engelwesen und habe es heute noch und ich fühle wie stark und gleichzeitig sanft ihre Energien sind. Nun suchte ich mal im Internet nach schönen Bildern über Engel und ich kam auf Ihre Seite. Also ich möchte Ihnen sagen, Sie müssen selbst ein Engel sein, denn Ihre Bilder haben mich so sehr berührt in meiner Seele, dass ich es in Worten eigentlich kaum wiedergeben kann. Vielen Dank für die wunderschöne und heilsame Energie der Engel, die aus Ihren Bildern strömt!!!

Rührend, voller Liebe, Kraft und Licht sind diese Bilder. Wie gerne würde ich alle davon in sämtliche Zimmer des Hauses hängen. Bis dahin versuche ich, die Engel in mein Herz zu rufen. Vielen Dank für die herrlichen Bilder.

Ich habe heute auf ihrer Homepage geschmökert. Ich bin noch ganz fasziniert von ihren wundervollen Engelbildern. Von jedem Bild geht so ein unbeschreiblicher Zauber aus. So viel Liebe, so viel Licht, so viel Kraft ...

Man spürt ihre unendlich tiefe Verbundenheit mit diesen herrlichen Lichtwesen. Bisher konnte ich meine Engel nur spüren und fühlen, und ihre unglaubliche Schönheit und ihren Glanz nur erahnen. Sie, liebe Gabriele-Diana, gaben ihnen diese herrliche Vielfalt der Farben und Formen. Ich danke ihnen von ganzem Herzen dafür. Es hat mein Herz geöffnet. Eine unglaubliche Heilkraft geht von ihnen aus.

Hallo Diana,
an diesem schönen Sonntagmorgen habe ich Sie mal wieder besucht und mit den Engeln Zwiesprache gehalten. Auch habe ich eine Karte gezogen und genau den Hinweis erhalten, der passt und den ich nicht erwartet hatte. Ich glaube sonst nicht an Kartenspielerei, aber diesmal hat's mich doch etwas ins Grübeln gebracht.
Weiterhin viel Freude mit den Engeln wünscht Ihnen ...

Als ich Michael, meinen momentanen Begleiter, sah, überkamen mich die Gefühle. Meine Tränen liefen nur so. Dieses Gefühl des uralten Wissens, das wir in uns tragen, ist so überwältigend, ja gerade zu so unbeschreiblich. Danke für diesen schönen Moment!

Hallo, ich bin zufällig auf dieser Seite gelandet und kann nun nicht aufhören, mir diese Bilder anzusehen. Ich male selber seit ein paar Jahren Aquarelle, aber so etwas Tolles wie deine Engelbilder habe ich noch nicht gesehen und auch nicht gemalt. Mach weiter so, ich glaube, alle Menschen, die deine Seiten sehen, sind ein Stückchen glücklicher, weil eben alles so engelhaft-menschlich ist.
Alles Gute für das Jahr 2003 und noch viele "Engeleingaben" wünscht ...

Hallo Gaby-Diana,
war grade beim Engelkartenziehen und meine Frage war. Da ich momentan sehr um unseren Weltfrieden besorgt bin, dachte ich, frag mal die Engel, ich stellte meine Frage im Geiste (gab sie nicht schriftlich ein!) und siehe da, was für eine Karte kam? Der Engel des Friedens! Einfach engelhaft, oder???

Liebe Gabi-Diana!
Ich bin hier übers Lichtinfo zu Dir gelangt, weil ich Menschen suche, die wie ich die Engel gesehen haben, sehen können. Da sah ich dann Dein FOTO - ein so wunderschönes herzliches Lachen, es hielt mich auf Deinen Seiten und ich versuchte die 2 Engel bei Dir zu finden, die ich tatsächlich mal vor mir sah. Leider konnte ich sie nicht finden und malen kann ich leider überhaupt nicht-girr-, Du dafür aber umso besser und schöner. Es ist eine wundervolle Idee von Dir mit Deiner Homepage - mögen noch viele Menschen zu Dir finden, um den Frieden zu spüren. Und ein gelber Engel flüstert mir: "Diana hat die Pflicht erfüllt und die Gabe daraus zu geben". Vielleicht besuchst Du mich ja auch einmal auf meiner HP - alles Gute für Dich und Deine Familie.

Liebe Gaby-Diana :))
mitten im „Prozess" – ziemlich gebeutelt von den Anteilen, die entlassen werden wollen, um der Liebe und der Freude Raum zu geben und der Herrlichkeit des Seins, kam der Impuls, wiedermal deine liebevollen Geschenke zu betrachten: Alle Engelsenergien sind sofort präsent, verbinde ich mich mit ihnen. Ich sitze hier vor dem Computer und bin zutiefst dankbar für das Geschenk, das du in die Welt gebracht hast, durch deine Kunst.
ich umarme dich, liebe und danke dir.

Liebe Gabriele,
vielen herzlichen Dank für die wunderschönen Engel, die Du mir ins Haus bringst. Sie sind meine liebsten Motive für das Schreiben von Karten. Danke für das Licht, die Liebe und den Trost. Danke auch für die wunderschöne Gestaltung hier im Internet. In Liebe und Verbundenheit ...

Ich finde die Seite wunderschön, ich habe auch Ihre Werke bei Sabrina Fox' Event in Hamburg gesehen. Beim Engelkartenziehen auf dieser Seite hat mich sehr überrascht, wie gut es zutrifft.
Alles Liebe

Ich bin vom Engelkartenziehen fasziniert. Und überlege zum ersten Mal ernsthaft, mir eine Engelkarte zuzulegen. Jetzt ist langsam die Zeit reif - ich bekam es schon oft angeboten, aber hatte nicht den Draht dazu. Diese Seite hat für mich eine Verbindung geschaffen – Danke dafür.

oh, sorry but i cant speak german...but the page is very nice to look. i am so happy that i have found this page ... thank you for your great pictures. bye ...(london)

Gott, sind die schön!!! Ich habe direkt Herzklopfen bekommen bei so viel Schönheit. Diese Bilder ergreifen einen und erinnern uns ... dass sie wirklich da sind und gerufen werden wollen. Ich wünsch Ihnen alles Liebe und sehr viel Erfolg!

… durch „Zufall“ habe ich diese Seiten gefunden … oder war es doch kein Zufall? Nie zuvor haben mich Engel-Bilder tiefer berührt, meine Seele erfreut! Danke!!! Ich habe mir Poster und kleiner Bilder bestellt, damit ich diese immer sehen und um mich haben darf. Wunderschön und ergreifend. Ich wünsche Ihnen alles Gute und weiterhin die Liebe Ihrer Engel um sich herum.
Ein aufrichtiges Dankeschön von …

Liebe Diana,
schon das erste Mal, als ich Deine wunderschönen Engelsbilder sah, wurde mir ganz warm ums Herz. Ich stand wie verzaubert da und konnte mich an den prachtvollen traumhaft schönen Farben und Formen nicht sattsehen. Ich bin von Bildern noch nie so tief berührt worden. Gott segne Dich für Deine Begabung, Deine Hand wird wirklich von Engeln geführt und Du hast die liebevolle wunderschöne Gabe, Menschen mit Deinen Farben und Bildern glücklich zu machen. Man kann Deine Seele und Dein Herz fühlen und dies berührt die Seelen und Herzen der Menschen, das ist ein wundervolles Geschenk.
Gott segne Dich und Danke für diese Bereicherung.

Dank

An die geistige Welt

Mein größter Dank gilt meinen himmlischen Begleitern. Sie schenkten mir die Gabe und gaben mir den Auftrag, sie, durch Eingebung mittels meiner Hände auf Papier, zu den Menschen zu bringen und sie dadurch für unsere Augen sichtbar zu machen. – Und zwar so, wie wir Menschen sie begreifen.

An die irdische Welt

Meiner Familie, meinen Lichtschwestern und Freundinnen, die mich jedes Mal beim Entstehen eines neuen Engels mit ihrer positiven Resonanz ermutigt und bestärkt haben.

Meinem Verleger, der meinen Engeln in Form von Karten, Postern, dem Engelkartenset, Lesezeichen, Kalendern und vielem mehr den Weg zu den Menschen ermöglicht hat.

Den Kirchen und Seniorenheimen, die meine Engelausstellung begeistert aufgenommen und mit liebevollem Eifer präsentiert haben.

Gabriele-Diana Bode

Hamburg, Juli 2003 – April 2008

Gabriele-Diana Bode

Engelhafte Engel

als Briefkarten und Poster …

… als Lesezeichen …

… als engelhafte Begleiter
im Scheckkartenformat …

ınd ihre Engel

sichtweise
VERLAG & VERTRIEB

… als Tasse mit wunderschönen Engelmotiven …

… und als Immerwährender Engelhafter Prachtkalender

ENGEL GUT–ALLES GUT!

Unseren kostenlosen Katalog können Sie unverbindlich bestellen:
www.sichtweise-verlag.de oder unter Telefon: **0 51 75 / 95 38 62**